D1718059

Scholzen • KSK

Reinhard Scholzen

Kommando Spezial-Kräfte

Motor
buch
Verlag

Einbandgestaltung: Sven Rauert

Bildnachweis:
Die zur Illustration dieses Buches verwendeten Aufnahmen stammen – wenn nichts anderes vermerkt ist – vom Verfasser.

ISBN 978-3-613-02998-9

1. Auflage 2009

Sie finden uns im Internet unter www.motorbuch-verlag.de

Lektor: Martin Benz M.A.
Innengestaltung: Anita Ament
Scans: digi bild reinhardt, 73037 Göppingen
Druck und Bindung: Fortuna Libri SK, 85101 Bratislava
Printed in Slowak Republic

Meinem Onkel, Matthias Scholzen, gewidmet

Inhalt

Vorwort	7
Eliteeinheiten des Militärs und der Polizei	8
Grundzüge der Geschichte der Bundeswehr	18
Die Geschichte des KSK: Von Kigali nach Kabul	30
Wege in das Kommando Spezialkräfte	55
Die Aufgaben des KSK	80
Die Scharfschützen des KSK	128
KSK-Nahkampfausbildung	148
Sport beim Kommando Spezialkräfte	154
Die Unterstützungskräfte	162
Das KSK ist eine Erfolgsstory Interview mit dem Inspekteur des Heeres, General Hans-Otto Budde	175
Die Kommandeure des KSK	179
»Wir sind die Guten«	184
Schlusswort: Ein langer Weg	186
Am Puls der Zeit	190

Vorwort

Die erste Auflage dieses Buches wurde im Frühjahr 2004 veröffentlicht. Seither hat sich im Kommando Spezialkräfte manches verändert. Daher erschien es sinnvoll, eine Überarbeitung vorzunehmen. Ich danke dem Kommandeur des KSK, Brigadegeneral Hans-Christoph Ammon, und dem Inspekteur des Heeres, Generalleutnant Hans-Otto Budde, für ihre Bereitschaft, mir Fragen über das KSK zu beantworten. Sie gehen in den Gesprächen insbesondere auf zwei Bereiche ein. Zum einen beschreiben sie die besonderen Charaktereigenschaften der KSK-Soldaten. Zum anderen gehen sie auf die Zukunftsperspektiven des Verbandes aus Calw ein und klammern dabei auch Problembereiche, wie etwa die Nachwuchsgewinnung, nicht aus. Das KSK und die Informations- und Medienzentrale der Bundeswehr stellten für dieses Buch zahlreiche neue Fotos zur Verfügung. Die Bilder zeigen viele neue Aspekte aus dem breiten Fähigkeitsspektrum des Verbandes.

Durch die Aktualisierungen nahm der Umfang des Bandes deutlich zu. Dennoch blieb das Buch noch handlich und der Autor seinem Grundsatz treu, deutliche Schwerpunkte in der Betrachtung zu setzen. Die Leser wissen, dass bei der Behandlung dieses Themas eine vollständige Darstellung niemals möglich sein wird. In jeder Beschreibung über Spezialeinheiten muss nicht nur ein letzter Rest an Geheimnis bleiben. Es muss sehr viel unausgesprochen bleiben, damit auch in der Zukunft das KSK seine besonders schwierigen Aufgaben erfüllen kann.

Es ist keinesfalls selbstverständlich, dass sich eine moderne, im Einsatz stehende Spezialeinheit so weit für einen Autor öffnet und damit Außenstehenden derart tiefe Einblicke ermöglicht. Insbesondere im internationalen Vergleich ist dies eine große Ausnahme. Ich danke allen Beteiligten innerhalb und außerhalb des Kommandos Spezialkräfte dafür, dass ich so umfassend über diese für die meisten Bürger fremde Welt berichten durfte.

Es würde zu weit führen, hier allen namentlich zu danken, die im Motorbuch Verlag zum Entstehen dieser Darstellung beitrugen. Ein Buch ist eine Gemeinschaftsarbeit, die nur mit einer guten Mannschaft gelingen kann. Dessen Wirkung wird ganz wesentlich durch die graphische Gestaltung erzielt. Ich danke Anita Ament dafür, dass sie nicht nur das Neue in dieses Buch einfügte. Sie gab dem Band einen individuellen Charakter, indem sie die kühle Sachlichkeit des Textes mit einer geradlinigen graphischen Gestaltung verband, die auf Effekthascherei verzichtet. Dabei war sich die Graphikerin bewusst, dass ein solches Layout in einer schrillen Welt, die sich an Übertreibungen erfreut, aus dem Rahmen fällt. Es ist aber gerade diese Anmutung, die den Männern des KSK in besonderem Maße gerecht wird, denen es vollauf genügt als »stille Profis« zu gelten.

Im Dezember 2008
Reinhard Scholzen

Eliteeinheiten des Militärs und der Polizei

■ **Eliteverbände des Militärs und der Polizei breiten über ihre Einsätze, die Ausrüstung und ihre Taktiken den Mantel des Schweigens. Fast alle pflegen zwar intensive Verbindungen zu befreundeten Einheiten, aber auch darüber soll so wenig wie möglich an die Öffentlichkeit dringen. Freundschaft und gegenseitige Anerkennung belegen die Gastgeschenke, die man sich macht. Die Sammlung des KSK ist bereits nach wenigen Jahren sehr ansehnlich. Einige Beispiele: Im Unterschied zum deutschen KSK ist der britische SAS auch für die »Innere Sicherheit« zuständig. Geiselbefreiungen und Anti-Terror-Kampf fallen in den Aufgabenbereich *CRW – Counter Revolution Warfare*. Der Leitspruch des in Hereford stationierten Eliteverbandes lautet: *»Who dares wins«* – »Wer wagt, gewinnt«.** *Foto: KSK*

Die Männer der Eliteverbände und -einheiten des Militärs und der Polizei erkennt man an ihren Abzeichen aus Stoff oder Metall. Die begehrten Insignien tragen sie in Höhe der Brust an der Uniform oder an der Kopfbedeckung, meist ein weinrotes, grünes, oder sandfarbenes Barett. Dort findet man Dolche oder Schwerter, Anker oder Dreizacke, Wappen oder Weltkarten, Adler, Raubkatzen, Eichenlaub, Blitze und immer wieder Fallschirme. Und bei manchen steckt als zusätzliches Erkennungszeichen in der Hosentasche eine Marke aus Metall, oder sie tragen einen Ring am Finger. Viele Einheiten gaben sich einen Wahlspruch, nicht selten in lateinischer Sprache. Die Inhalte der Devisen ähneln sich: Die Spezialkräfte sind allzeit weltweit bereit, schützen das Recht, die Freiheit und ihren Staat vor jedem Angriff; sie sind treu, tapfer und listig und wenn sie etwas wagen, dann gewinnen sie auch.

Die Welt der Spezialeinheiten ist reich an Symbolen und Ritualen: Eine Glocke läuten Möchtegern-*Navy Seals,* wenn sie die strapaziöse Ausbildung nicht länger ertragen können. Im *Kommando Spezialkräfte* der Bundeswehr geben diejenigen, die das Eignungsfeststellungsverfahren frühzeitig beenden, ihre »Ich-gebe-auf-Karte« ab. Auf einer hölzernen Keule ritzt man in der deutschen *GSG 9* die Namen der besten Bewerber ein. Wer zur französischen *GIGN* gehören will, muss den Mut zum »Vertrauensschuss« aufbringen. In einigen Kasernen und Unterkünften hängen die Porträts der ehemaligen und der gegenwärtigen Kämpfer an den Wänden. Und die Namen der im Kampf gefallenen Kameraden sind in Stein oder Messing gehauen.

Sonderverbände und Spezialeinheiten des Militärs und der Polizei stecken voller Geheimnisse. In manchen erhalten die Männer mit der Aufnahme einen neuen Namen oder gar eine neue Identität. Mitunter wissen sogar die nächsten Angehörigen nichts über die Arbeit ihrer Söhne, Ehemänner, Väter und Brüder. Die einen Spezialisten leben in Hochsicherheitstrakten, in der Mitte eines weiträumigen Kasernengeländes, die anderen auf einsamen Inseln. Legenden ranken sich auch um ihre Gründer und Kommandeure: David Stirling, der den britischen *SAS (Special Air Service)* aus der Taufe hob, und sein bekanntester Nachfolger, Sir Peter de la

Billière, die Amerikaner Charles Beckwith und Richard Marcinko, der Israeli Yonathan Netanjahu, der Franzose Christian Prouteau und der Deutsche Ulrich K. Wegener.

Außenstehende bezeichnen die Männer der Spezialeinheiten je nach individuellem Standpunkt zum Teil als Idealisten oder als Verrückte. Ihre Gegner titulieren sie regelmäßig als »Rambos« oder »Killer«. Nicht wenige Kameraden aus anderen Einheiten beneiden die Spezialisten um ihre hervorragende Ausrüstung, die neuesten Waffen und die leistungsfähigsten Fahrzeuge. Für die Elite ist das Beste gerade gut genug. Fast überall auf der Welt stellen die Regierungen ihren Elitekämpfern die modernsten Hubschrauber und Flugzeuge zur Verfügung, um sie an ihre Einsatzorte zu transportieren.

Jenseits der spärlichen Informationen, welche die Öffentlichkeit erhält, beginnt das weite Feld der Mythen und Legenden. Ehemalige Kommandeure schrieben Bücher über Einheiten, die es offiziell überhaupt nicht gibt. Berichte über Aufnahmerituale machen die Runde, man kann über Blutschwüre und geheime Tätowierungen lesen. Über schier unglaubliche physische und psychische Härten in der Ausbildung wird gemunkelt und auch von exzessiven Saufgelagen und Zweikämpfen ist die Rede, in denen die Neuen den Alten zeigen müssen, was sie können. Drakonische Strafen drohen denen, die einen Fehler machen: Stundenlanges Hängen im Treppenhaus im Fallschirmspringer-Gurtzeug gehört noch zu den vergleichsweise milden Sanktionen.

Die Sagenumwobenen sind keine Erfindung unserer Zeit. Zu allen Zeiten gab es Soldaten, die über besondere Fähigkeiten verfügten, Spezialaufträge durchführten und damit Kriege entschieden. Das bekannteste Beispiel aus der Antike dürfte wohl das hölzerne Pferd sein, das im Trojanischen Krieg die Wende brachte. Die 30 Männer, die unter der Führung des Odysseus so listenreich in die als uneinnehmbar geltende Stadt Troja eindrangen, würde man heute als Kommandosoldaten bezeichnen. Im antiken Rom übernahm die Prätorianergarde nicht nur den Schutz des Kaisers, sondern diese besonders ausgebildeten Männer erledigten auch Kurierdienste und Aufgaben hinter den feindlichen Linien. Leibgarden stellten zu allen Zeiten eine Elite dar: Die Männer, die in diesen Einheiten ihren militärischen Dienst versahen, hatten zuvor einen Ausleseprozess durchlaufen. Häufig stellte die Körpergröße ein Auswahlkriterium dar. Bei 180, in manchen Ländern oder Verbänden gar bei 190 Zentimetern lag das Gardemaß.

Mit dem Aufkommen stehender Heere und starrer Schlachtordnungen nahm in der Neuzeit die Bedeutung der Kampfkraft des Einzelnen ab. An die Stelle der individuellen Fähigkeiten trat die Leistungsstärke der gesamten Truppe. Auf Kommando luden alle ihre Gewehre und schossen gleichzeitig. Die Bedeutung des einzelnen Soldaten kam noch zum Tragen, wenn die europäischen Heere auf unkonventionell kämpfende Truppen stießen. So zum Beispiel im 18. Jahrhundert, als die Briten gegen ihre aufmüpfige

■ ***De opresso liber*** **– die *Special Forces* (»*Green Berets*«) der US-Armee wollen den »Unterdrückten die Freiheit« bringen.** *Foto: KSK*

■ **Das Wappen einer speziell für Geiselbefreiungen ausgebildeten und ausgerüsteten Einheit der israelischen Armee.** *Foto: KSK*

■ **Ein Geschenk der Führung der *US Special Operations Forces* in Europa.** *Foto: KSK*

■ **Dieser Spezialverband der belgischen Armee ist für Geiselbefreiungen und Anti-Terror-Kampf besonders gut ausgebildet. Vom Gegensatz zwischen Flamen und Wallonen bleibt auch das belgische Militär nicht unberührt: Während in den meisten Fallschirmjägerbataillonen Flamen dienen, stammen die Soldaten des *35 Bie AA Para-Commando* aus Wallonien.** *Foto: KSK*

nordamerikanische Kolonie ins Feld, besser gesagt in die Wälder, zogen. Die Kampfkraft des Einzelnen war auch rund hundert Jahre später, im Amerikanischen Bürgerkrieg (1861–65), wieder gefragt. Besonders ausgebildete Soldaten kämpften sowohl auf der Seite der Konföderierten als auch der Union hinter den feindlichen Linien, griffen die Nachschubwege des Gegners an oder nahmen mit ihren leistungsfähigen Gewehren, die eigentlich für die Jagd bestimmt waren, gegnerische Offiziere aufs Korn.

Weder *Roger's Rangers* im 18. noch *Berdan's Sharpshooters* im 19. Jahrhundert brachten aber einen grundlegenden Wandel in der Kriegsführung. Sie wurde lediglich flexibler. Auf die Einzelkämpfer-Taktik der mobilen Buren reagierten die Briten an der Wende vom 19. zum 20. Jahrhundert rasch. Besonders gute Schützen kamen aus dem britischen Weltreich nach Südafrika. Kanadier, Australier und Neuseeländer kopierten die Kampfweise der Siedler. Diese Erfolge trugen zur Niederlage der Aufständischen in Südafrika bei.

In den beiden letzten Jahrzehnten des 19. Jahrhunderts entwickelte sich die Waffentechnik rasant. Der massive Einsatz von Mehrlade- und Maschinengewehren und schnellfeuernden Geschützen ließ seit dieser Zeit die Zahl der Opfer rapide steigen und entgegen den theoretischen Überlegungen erstarrte die Kriegsführung immer häufiger.

Die Generalität reagierte auf diese Entwicklungen nur zögernd, auch in Deutschland. Dies lag jedoch nicht an deren mangelnder Flexibilität. Bereits an der Wende vom 19. zum 20. Jahrhundert trat für das Deutsche Reich die schlechteste aller machtpolitischen Konstellationen ein: Seine militärische Führung war gezwungen, sich auf einen Zweifrontenkrieg gegen Frankreich und Russland einzustellen. Diese politische Entwicklung engte die ohnehin dürftigen Planungsmöglichkeiten weiter ein. Alle möglichen Strategien bauten auf einem entscheidenden Element auf: Schnelligkeit. An eine Motorisierung der gesamten Truppe dachten vor 1914 nur Utopisten. Statt dessen stockte man in Berlin die Kavallerie weiter auf. Eine Notlösung. Das Schienennetz der Reichsbahn war im Westen zwar gut ausgebaut, aber größere Märsche der deutschen Truppen – um den Gegner großräumig zu umgehen – gingen zu Lasten ihrer Schnelligkeit, und der Gegner konnte darauf aufgrund seiner günstigeren geographischen Lage schneller reagieren. Und über allem stand der Anachronismus des im Jahr 1906 verfassten Exerzier-Reglements für die deutsche Infanterie: »Vorwärts auf den Feind, koste es, was es wolle!«

Der Erste Weltkrieg begann für das deutsche Heer im Westen zwar mit großen Erfolgen, aber als nach einem Monat der von der Generalität erhoffte entscheidende Sieg ausblieb, war der Schlieffen-Plan gescheitert. Im Kern hatte diese nach dem preußischen Generalfeldmarschall Alfred Graf von Schlieffen benannte Strategie für den Fall eines Zwei-Fronten-Krieges vorgesehen, im Westen durch großräumige Umfassung des Gegners – wobei die

Verletzung der belgischen Neutralität einen festen Bestandteil bildete –, einen raschen Sieg zu erzielen. Danach wollte man die ganze Kraft gegen den Feind im Osten konzentrieren, dem man eine relativ lange Mobilmachungsphase unterstellte.

In der Folgezeit erstarrten auf dem westlichen Kriegsschauplatz die Kampfhandlungen in tiefgestaffelten Grabensystemen. Vom Frühjahr bis zum Sommer 1916 versuchten die Deutschen vergeblich, im Kampf um die Festung Verdun den Gegner auszubluten. Im Jahr danach nahm der Druck der mittlerweile sehr in Bedrängnis geratenen, doch nun durch den Kriegseintritt der USA neu gestärkten Westalliierten zu. Mit vereinten Kräften zwangen sie Deutschland zum Waffenstillstand von 1918 und schließlich in den unseligen Versailler Vertrag von 1919.

Seit der Schlacht an der Somme im Sommer 1916 nahm der Einfluss des deutschen Generals Fritz von Loßberg kontinuierlich zu, der zum Vater der Taktik der beweglichen Verteidigung wurde. Loßbergs Konzept beinhaltete auch den Einsatz von Sturmbataillonen, die die militärische Führung aus speziell ausgebildeten, hochmotivierten Freiwilligen bildete. Zu ihrer Bewaffnung gehörten Selbstladepistolen, Kampfmesser, Handgranaten, Flammenwerfer und in der letzten Kriegsphase auch Maschinenpistolen. Sie wurden vor allem an Angriffsschwerpunkten und dort möglichst an Schwachpunkten des Gegners eingesetzt, die zuvor durch Aufklärungsunternehmen ermittelt worden waren, um die feindliche Front zu durchstoßen.

Schon vor dieser Zeit waren auf deutscher Seite besonders befähigte Schützen und dann speziell ausgebildete Zielfernrohrschützen als Scharfschützen tätig geworden. In der ersten Kriegsphase kamen deren besonders leistungsfähige Gewehre aus zivilen Beständen, die zur Jagd und zum Sport verwendet worden waren, zum Einsatz. Auf diese präzise gefertigten Waffen montierte man ebenso leistungsstarke Zielfernrohre. Seit Ende 1914 lieferte die Waffenindustrie zunehmend auch ausgesuchte Gewehre

■ **Einer vom Sturmbataillon. Zur charakteristischen Ausrüstung der Sturmsoldaten gehörten der kurze Karabiner 98, Schanzzeug und Handgranatenbeutel.**
Der 1916 eingeführte Stahlschutzhelm gehört zu den fortschrittlichsten Helmentwicklungen der Neuzeit. Auch der Gefechtshelm der Bundeswehr geht auf diesen Entwurf aus dem Jahre 1915 zurück.
Sammlung Martin Benz

■ **Sturmsoldaten beim Angriff.**
Sammlung Martin Benz

■ **Die von einem »Brandenburger«-Kommando unter Oberleutnant Wilhelm Walther im Handstreich genommene Eisenbahnbrücke über die Maas bei Gennep.**
Aus Kurowski: Deutsche Kommandotrupps 1939–1945, Band I

Modell 98 an die Front. Das Scharfschützenwesen moderner Art war eine deutsche Erfindung und es blieb für einige Zeit eine deutsche Domäne.

Im Zweiten Weltkrieg erlebten militärische Spezialverbände einen weiteren Bedeutungszuwachs. Deutsche Fallschirmjäger spielten im Westfeldzug im Frühjahr 1940 eine zentrale Rolle. Sie nutzten den Überraschungseffekt und eroberten mehrere für den weiteren Vormarsch wichtige Brücken über die Maas, nahmen im Handstreich als uneinnehmbar geltende Festungen in Belgien und den Niederlanden ein. Die Eroberung des Forts Eben Emael gilt über 60 Jahre später nach wie vor als Musterbeispiel für einen Kommandoeinsatz auf ein operativ-strategisches Ziel. Sowohl in der Schweizer Armee als auch bei den US-amerikanischen und einer Reihe weiterer Streitkräfte stellt dieser Handstreich aus der Luft einen festen Bestandteil der Offiziersausbildung dar. Dies gilt auch für die Kämpfe in Griechenland und auf Kreta 1941, als die Fallschirmjäger wieder Brücken und wichtige Flugplätze, ja eine ganze Insel aus der Luft erstürmten.

Zwischen Nord- und Südpol und auf allen fünf Kontinenten kamen allen voran deutsche und britische Kommandoverbände zum Einsatz. Auf deutscher Seite übernahm eine im Jahr 1937 ins Leben gerufene und zunächst als *Baulehrkompanie Brandenburg zbV. 800* bezeichnete Spezialeinheit des Heeres besonders schwierige Aufgaben. Bereits wenige Tage vor dem offiziellen Beginn des Krieges 1939 führten »Brandenburger« einen Einsatz in Polen durch. Vor allem aber an den militärischen Erfolgen im Westfeldzug und später im Osten hatte dieser mittlerweile zum Regiment angewachsene Sonderverband großen Anteil: Im Handstreich brachten Kommandotrupps wichtige Eisenbahn- und Straßenbrücken in deutsche Hand. Und auch an der letzten deutschen Großoffensive im Winter 1944/45 in den Ardennen nahmen »Brandenburger« im Rahmen der neu aufgestellten Jagdverbände der Waffen-SS unter Skorzeny teil. Darüber hinaus kämpften »Brandenburger« unter anderem in Nordafrika und am Polarkreis, im Iran, im Irak und in Afghanistan. Sie legten Versorgungswege lahm, unterbrachen Kommunikationssysteme, schalteten Führungspersonen des Gegners aus und unterstützten oppositionelle Gruppen durch Waffenlieferungen und Militärberater. Ab 1943 begann auch die Kriegsmarine mit der Aufstellung eines Sonderverbandes, des so genannten *Kommando der Kleinkampfverbände (KdK)*, das eine Reihe neuartiger Marine-Kleinkampfmittel entwickelte und zum Einsatz brachte. Darunter befanden sich Einmanntorpedos, Sprengboote und Kleinstunterseeboote. Da einige dieser Kleinkampfmittel noch nicht ausgereift waren, die Kriegslage ihre Verwendung jedoch erforderte, verliefen die Einsätze

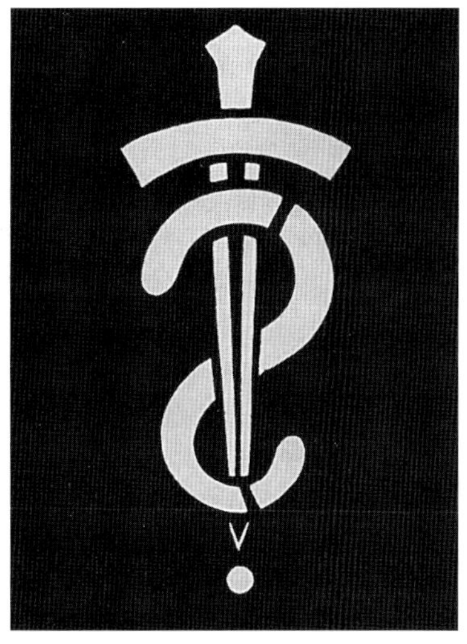

■ **Das Emblem der »Brandenburger«: Dolch und Fragezeichen.**

zum Teil sehr verlustreich, obgleich es spektakuläre Erfolge gab. Marineeinsatzkommandos (MEK) für Kommandoeinsätze im küstennahen Bereich sowie Kampfschwimmer und -taucher bildeten weitere Bestandteile des KdK. Sie kamen 1944/45 vor allem in Frankreich, Belgien, Italien, Ungarn und Deutschland zum Einsatz, wobei bevorzugt Hafenanlagen am Mittelmeer sowie Brücken an Rhein, Donau, Weichsel und Oder zu ihren Angriffszielen gehörten.*

Nach ihrem chaotischen Rückzug aus Frankreich 1940 bauten die Briten so genannte *Commando*-Verbände auf, denen Premierminister Churchill zunächst den Auftrag erteilte, den Gegner gezielt zu terrorisieren. Später kamen Einheiten mit subtileren Aufgabenbereichen hinzu, darunter die *Long Range Desert Group (LRDG)*, der *Special Air Service (SAS)* und der *SBS (Special Boat Service)*. Kommandounternehmen in Nordafrika und amphibische Einsätze wie zum Beispiel gegen die Normandieschleuse im Hafen von St. Nazaire oder im Hafen von Bordeaux machten diese Einheiten bekannt.

■ sMG-Trupp der Fallschirmjäger beim Stellungswechsel. Man beachte die Sonderbekleidung, zu der die Fallschirmschützenbluse (»Knochensack«), der charakteristische Springerhelm sowie Springerstiefel gehörten.

Einige Staaten lösten nach 1945 ihre Sonderverbände und -einheiten auf: Die Deutschen mussten dies als Verlierer tun; die Briten taten es, weil sie ihren SAS/SBS für überflüssig hielten. Aufgrund der zahlreichen Unabhängigkeitskämpfe in ihren zusammenbrechenden Kolonialreichen besannen sich Frankreich und England, aber auch die Niederlande und Belgien wieder auf die Qualitäten ihrer Sonder- und Eliteverbände beziehungsweise stellten neue auf. So vertrauten die Franzosen in Indochina und Algerien auf die Kampfkraft ihrer *Paras* und der Fremdenlegion sowie einiger spezieller, verdeckt operierender Spezialeinheiten; die Belgier im Kongo auf ihre *Para Commandos* und die Holländer bei den grausamen Kämpfen in Niederländisch-Ostindien (heute Indonesien) auf ihre Marineinfanterie. Der britische SAS kämpfte unter anderem in Malaya, Oman und auf Borneo. Und nordamerikanische Sonderverbände des Heeres, der Luftwaffe und der Marine vertraten in Korea, Vietnam, Mittelamerika und anderen Teilen der Welt die Interessen ihres Landes.

Der Überfall eines palästinensischen Terrorkommandos auf das olympische Dorf in München stellte im September 1972 den Höhepunkt einer Welle terroristischer Gewalttaten dar. Danach stellten viele Staaten Anti-Terror-Einheiten des Militärs und der Polizei auf.

■ Damit sie beide Hände beim Einsteigen in die Ju 52 frei haben, halten die Fallschirmjäger die Reißleine zwischen den Zähnen.
Sammlung Kost

---

* A.d.L.: Über die »Brandenburger« erschien im Motorbuch Verlag eine zweibändige Dokumentation von Franz Kurowski: *Deutsche Kommandotrupps 1939–1945. »Brandenburger« und Abwehr im weltweiten Einsatz. Band I* (2. Auflage), Stuttgart 2001. *Band II*, Stuttgart 2003. Diesem Werk folgte die Gesamtdarstellung des KdK und seiner Kampfmittel von Helmut Blocksdorf: *Das Kommando der Kleinkampfverbände der Kriegsmarine.* Motorbuch Verlag, Stuttgart 2003.

Die Sprache der Spezialeinheiten des Militärs

Kommandosoldaten sprechen ihre eigene Sprache und verwenden zum Teil englischsprachige Begriffe und Abkürzungen, die für Außenstehende nicht verständlich sind. Die folgende Zusammenstellung enthält einige häufig gebrauchte Kürzel sowie internationale Begriffe. Vollständig ist sie allerdings nicht; denn viele Dinge sind – aus verständlichen Gründen – nicht für die Öffentlichkeit bestimmt.

Begriff	Abkürzung	Übersetzung bzw. Erläuterung
	BAT	Beweglicher Arzttrupp.
High Altitude High Opening	HAHO	Sowohl der Absprung als auch das Öffnen des Fallschirms geschieht in großer Höhe. So ist es dem Springer möglich, eine weite Strecke nahezu lautlos zu überwinden.
High Altitude Low Opening	HALO	Absprung in großer Höhe, der Fallschirm wird aber in niedriger Höhe geöffnet. Dadurch wird das absetzende Flugzeug vom Gegner akustisch nicht wahrgenommen. Der Springer erreicht sein Ziel in kurzer Zeit.
Assaulter		»Stürmer«, er trägt die Hauptkampflast, insbesondere im »Retten & Befreien«-Szenario.
Back position		Anschlagart des Scharfschützen im Gebirge oder bei Schüssen steil bergauf oder bergab. Dabei wird die Waffe auf dem Oberschenkel abgelegt.
Breacher		Der die Bresche schlägt oder die Gasse öffnet. Der Pionier und Sprengspezialist im »Retten & Befreien«-Szenario.
Close Air Support	CAS	Luftnahunterstützung.
Close Quarter Battle	CQB	Kampf auf geringe Entfernung, Nahkampf.
Combat Search and Rescue	CSAR	Bewaffneter Such- und Rettungsdienst.
Combat Survival		Kämpfen und Überleben.
Combatting Terrorism	CT	Anti-Terror-Einsatz durch Spezialkräfte.
Courses of Action	COA	Möglichkeiten des Handelns.
Direct Action	DA	Angriffsoperationen von Spezialkräften.
Escape and Evasion	E&E	Flüchten und Durchschlagen.
Exfiltration	EXFIL	Verlassen eines Raumes mit eigenen Mitteln.
Extraction	EXTRACT	Rückführung aus einem Raum mit fremden Mitteln.
Final firing position		Die Stelle, von der der Scharfschütze seinen Schuss abfeuert.

Begriff	Abkürzung	Übersetzung bzw. Erläuterung
High Value Target	HVT	Ziel von großer strategischer, operativer oder taktischer Bedeutung.
Infiltration	INFIL	Eindringen in einen Raum mit eigenen Mitteln.
Insertion	INSERT	Verbringen mit fremden Mitteln.
Medic		Kommando-Sanitätsspezialist; Einsatzsanitäter.
	R & B	Retten und Befreien – eine Aufgabe des KSK.
Sniper		Scharfschütze.
Special Operation Target Interdiction Course	SOTIC	Lehrgang für Kommando-Scharfschützen.
Special Reconnaissance	SR	Aufklärung durch Spezialkräfte.
Special Site Exploitation	SSE	Eindringen von Spezialkräften in ein Objekt zur Aufklärung oder Durchsuchung.
Standard Operating Procedures	SOP	Festgelegte Standardverfahren.

In Deutschland entstand die *Grenzschutzgruppe 9 (GSG 9)*, in Frankreich die *Groupe d'Intervention de la Gendarmerie Nationale (GIGN)*, in Österreich das *Gendarmerieeinsatzkommando (GEK)*, in Belgien die *Speciaal Interventie Eskadron (SIE)*. Die Niederlande schufen Mitte der 70er-Jahre eine Spezialeinheit unter dem Dach der Marine, die *Bijzondere Bijstands Eenheid (BBE)*. Nahezu zeitgleich stellte man bei der *Koninklijke Marechaussee*, einer Institution, die sowohl militärische als auch grenzpolizeiliche Aufgaben wahrnimmt, die *Brigade Speciale Beveilingsopdrachten (BSB)* auf.

Fast alle Staaten verfügen seit Jahrzehnten über Eliteeinheiten der Polizei und des Militärs. Die einen sind – vereinfachend dargestellt – für Problemfälle im Innern, die anderen für Einsätze außerhalb des jeweiligen Heimatlandes zuständig. Wer wann zum Zug kommt, ist nicht nur von der jeweiligen Spezialisierung der Einheit abhängig, sondern unterliegt ebenso rechtlichen Bestimmungen.

Innerhalb der Bundeswehr führten Spezialeinheiten nur ein Schattendasein. Die Fallschirmjägerkompanien wurden primär im Jagdkampf ausgebildet, die drei Fernspähkompanien genossen zwar großes Ansehen – auch im Ausland –, besaßen aber keinen Kampfauftrag. Und auch das Einsatzspektrum der deutschen Kampfschwimmer war eng begrenzt. Eine Anti-Terror- oder Geiselbefreiungseinheit oder einen für Kommandounternehmen besonders prädestinierten Verband gab es in der deutschen Bundeswehr bis weit in die 90er-Jahre des 20. Jahrhunderts hinein nicht. Die Ursachen hierfür sind vielfältig.

■ In einigen Teilstreitkräften leisten sich die Amerikaner mehrere Sonderverbände – mit inhaltlich gleichen Aufgaben. Der Schlachtruf der Angehörigen dieser Spezialeinheit der Luftwaffe ist das gutturale »Hooyah«.
Foto: KSK

■ Die Ausbildung im Freifall spielte in den Fallschirmjägerbataillonen früher nur eine Nebenrolle. Seit einigen Jahren werden in der Bundeswehr die Möglichkeiten, die in der vertikalen Transportart liegen, anders beurteilt. *Foto: KSK*

■ Deutsches Fallschirmspringerabzeichen in Gold. Wer es tragen möchte, muss mindestens 50 Sprünge haben.
Foto: KSK

■ Anfang der 90er-Jahre stellten die Fallschirmjägerbataillone der Bundeswehr so genannte »Bravo«-Kompanien auf, die unter anderem Geiselbefreiungen übten. Die Abbildung zeigt das Abzeichen der B1-Kompanie aus Varel.
Foto: KSK

■ Der klassische Rundkappen-Fallschirm T 10. Das Fallschirmspringen lernen die KSK-Soldaten wie ihre Kameraden von den Fallschirmjägern und anderen Truppengattungen in Altenstadt. Die Bedeutung des Fallschirms nimmt zu; denn für die Zukunft strebt das KSK an, jeden Kommandosoldaten so weit auszubilden, dass er mit Flächenfallschirmen automatisch aus großen Höhen springen kann. Einige Kommandosoldaten erhalten darüber hinaus eine Ausbildung im Freifall aus extremen Höhen und zum Tandem-Transport von Passagieren. *Foto: KSK*

■ Der Fernspäh-Ring – das halboffizielle Erkennungszeichen der Fernspäher. *Foto: KSK*

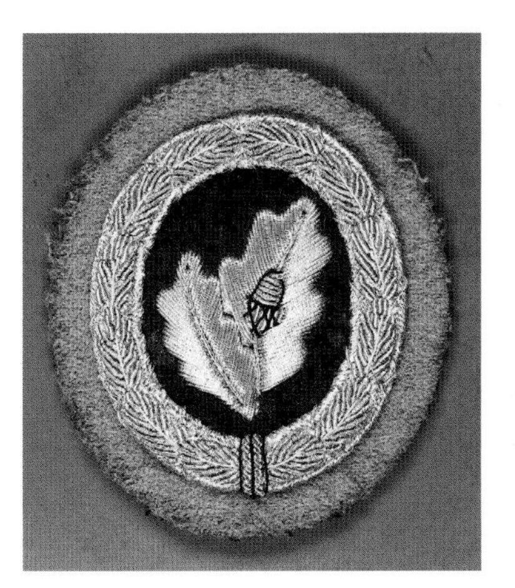

■ Das Einzelkämpferabzeichen. Ein Symbol für körperliche Leistungs- und Durchhaltefähigkeit sowie eingehendere Kenntnisse vom »Leben im Felde«. *Foto: KSK*

■ Der Vorläufer des KSK war der SEZ, der *Sondereinsatzzug Retten & Befreien.* Aus ihm ging nach der Aufstellung des KSK die 1. Kompanie hervor. *Foto: KSK*

Grundzüge der Geschichte der Bundeswehr

Der Zweite Weltkrieg endete für Deutschland mit einer totalen Niederlage. Militärisch, wirtschaftlich und politisch, aber auch sozial und kulturell lag das in vier Besatzungszonen zerteilte und eines Viertels seines Gebietes beraubte Land am Boden.

Fünfeinhalb Jahre nach Kriegsende 1945 wurde am 29. Oktober 1950 die so genannte *Dienststelle Blank* errichtet, zuständig für alle mit der »Vermehrung der alliierten Truppen zusammenhängenden Fragen«. Die wesentliche Ursache für diesen Schritt, an dessen Ende der Aufbau eines deutschen Verteidigungsministeriums stand, lag in dem »Kalten Krieg« zwischen Ost und West. Seit 1946 war es zwischen der UdSSR und den USA zu Verstimmungen über die Deutschlandpolitik gekommen, ein Jahr später reagierten die Vereinigten Staaten mit der nach ihrem Präsidenten benannten Truman-Doktrin auf die sowjetischen

■ **Verteidigungsminister Blank (Mitte) überreichte am 12. November 1955 in der Bonner Ermekeil-Kaserne den ersten Bw-Soldaten ihre Ernennungsurkunden. Es waren 18 Oberstleutnante, 30 Majore, 40 Hauptleute, fünf Oberleutnante, ein Stabsfeldwebel, fünf Oberfeldwebel und die beiden Drei-Sterne-Generale Adolf Heusinger (links) und Hans Speidel (rechts). Alle brachten Kriegserfahrung mit.**
Foto: BMVg

■ Die erste Konzeption für einen Verteidigungsbeitrag der Bundesrepublik Deutschland und den Aufbau der Bundeswehr wurde im Oktober 1950 im Zisterzienser-Kloster Himmerod in der Eifel verfasst.

Expansionsbemühungen. Seither war es ein Ziel der amerikanischen Außenpolitik, die Ausdehnung der Sowjetunion einzudämmen. Die Machtergreifung in Prag und die Berlin-Blockade (1948/49) markierten den vorläufigen Höhepunkt der Differenzen zwischen den beiden Großmächten. Diese Ereignisse riefen einige ehemalige Generale der Wehrmacht auf den Plan, die vor den möglichen Folgen dieser Entwicklung warnten. Im Sommer 1948 verfasste General Hans Speidel für den bayerischen Ministerpräsidenten Hans Ehard eine Denkschrift. Daraufhin erhielt der frühere Generalstabschef der Heeresgruppe Rommel im Dezember 1948 eine Einladung des Bundeskanzlers. Adenauer empfing Speidel in Rhöndorf und zeigte ihm überdeutlich, dass er von allem Militärischen, insbesondere von Generalen, wenig hielt. Speidel wies die Vorwürfe zurück und entgegnete selbstbewusst, Adenauer sei ja weder Soldat noch in der Widerstandsbewegung gewesen. Speidels Ausführungen über den möglichen Verlauf eines Krieges mit der Sowjetunion überzeugten den Rheinländer. Insbesondere interessierte er sich für die Idee einer gesamteuropäischen Armee – mit deutscher Beteiligung.

Dieser Ansatz wurde weiter verfolgt und ausformuliert. Federführend für die »Himmeroder Denkschrift« waren neben Speidel die ehemaligen Generale Adolf Heusinger und Hermann Foertsch. Das im Sommer 1950 in einem Kloster in der Eifel verfasste Papier sah die »Aufstellung eines deutschen Kontingents im Rahmen einer internationalen Streitmacht zur Verteidigung Westeuropas« vor.

Dieser Vorschlag ließ die bestehenden Vorbehalte – insbesondere die der Franzosen – schwinden; denn er deckte sich mit dem Plan, den der französische Ministerpräsident René Pleven nahezu gleichzeitig vorlegte. Demnach sollte eine Europa-Armee geschaffen werden, mit einheitlicher Ausrüstung, supranational organisiert und einem europäischen Verteidigungsminister unterstellt. Zwei Jahre später beschlossen die Außenminister Belgiens, der Niederlande, Luxemburgs, Frankreichs, Deutschlands und Italiens die Aufstellung dieser Streitmacht und unterzeichneten am 27. Mai 1954 den Vertrag über die »Europäische Verteidigungsgemeinschaft«. Als alle Probleme aus dem Weg geschafft schienen, legte die französische Nationalversammlung ihr Veto ein. Einen Vorteil bot das Nein der Franzosen aber auch: Dem Aufbau der westlich orientierten deutschen Bundeswehr stellte sich danach kein wesentlicher außenpolitischer Widerstand mehr in den Weg. Denn im Oktober 1954 trat die Bundesrepublik der Westeuropäischen Union bei, als deren Ziele die Aufrechterhaltung des Friedens in Europa und die Förderung der wirtschaftlichen, politischen und kulturellen Zusammenarbeit aller Mitgliedsländer festgeschrieben wurden. Vier Tage nachdem die Bundesrepublik Deutschland ihre (Teil)-Souveränität wiedererlangt hatte, wurde sie am 9. Mai 1955 – genau zehn Jahre nach Kriegsende – Mitglied des nordatlantischen Verteidigungsbündnisses, der NATO *(North Atlantic Treaty Organisation).*

Innerhalb Deutschlands ging der Weg zur Bundeswehr mit heftigen Protesten einher. Bereits die Aufstellung des Bundesgrenzschutzes – einer Sonderpolizei des Bundes – hatte im Jahr 1951 zu Aufruhr in der Öffentlichkeit geführt. Die Diskussion um den Aufbau einer Bundeswehr und

■ **Theodor Blank, der erste Verteidigungsminister der Bundesrepublik Deutschland (08.06.1955 bis 16.10.1956). In den frühen 50er-Jahren hatte der CDU-Politiker als »Beauftragter des Bundeskanzlers für die mit der Vermehrung der Alliierten Truppen zuständigen Fragen« die Aufbauarbeit für das Ministerium auf der Bonner Hardthöhe geleistet.** *Foto: BMVg*

die Einführung der Wehrpflicht stellte alles Vorangegangene in den Schatten. Nachdem im Februar 1954 der Bundestag das 1. Wehrergänzungsgesetz verabschiedete, bestimmten wochenlang »Nie wieder Krieg«- und »Ohne mich«-Plakate das Straßenbild. Und auch die Politiker fanden markige Worte: »Wer noch einmal ein Gewehr in die Hand nimmt, dem soll die Hand abfallen«, sagte im Jahr 1949 der Mann, dem sieben Jahre später Bundespräsident Heuss die Ernennungsurkunde zum Verteidigungsminister überreichte: Franz Josef Strauß. Mitte der 50er-Jahre erstarrte die Diskussion in politischen Lagerkämpfen: Pro Bundeswehr (mit Ausnahmen) in CDU/CSU und FDP und contra einen deutschen Verteidigungsbeitrag (ebenso nicht durchgängig) in der SPD.

So holprig wie die Vorgeschichte gestaltete sich auch die Gründung der Bundeswehr. Es kam nicht zu einem demonstrativen, symbolischen Gründungsakt, sondern ihre Schaffung wurde in kleine Etappen gestückelt:

1. Der administrative Akt: Am 8. Juni 1955 hob der erste Verteidigungsminister, Theodor Blank, im Deutschen Bundestag die Hand zum Schwur auf das Grundgesetz
2. Der gesetzgeberische Akt: Am 16. Juli 1955 wurde das Freiwilligengesetz verabschiedet. Dadurch wurde die Einberufung von 6000 Freiwilligen genehmigt, die den Aufbau der Streitkräfte vorbereiteten.
3. Die Verpflichtungszeremonie am 12. November 1955 in Andernach, als die ersten 101 Soldaten ihre Ernennungsurkunden erhielten. Unter ihnen waren die beiden Generale Hans Speidel und Adolf Heusinger, 18 Oberstleutnante, 30 Majore, 40 Hauptleute, fünf Oberleutnante, ein Stabsfeldwebel und fünf Oberfeldwebel.
4. Die Institution: Mit dem Inkrafttreten des Soldatengesetzes am 1. April 1956 wurde die Bezeichnung »Bundeswehr« eingeführt.

■ **Die ersten Uniformen der Soldaten der Bundeswehr im Jahr 1956. Von besonderem Interesse ist der Tarnanzug vorne rechts: Es handelt sich um ein in der letzten Kriegsphase entwickeltes deutsches Muster (»Leibermeister«), das später in leicht veränderter Form von der Schweizer Armee übernommen wurde.** *Foto: BMVg*

■ **Die Generale Wolf Graf von Baudissin (links), Ulrich de Maizière (Mitte) und Adolf Graf von Kielmannsegg (rechts) sind die »Väter« der so genannten *Inneren Führung*.** *Foto: BMVg*

Nicht nur Historiker sollten sich für den 12. November aussprechen, den 200. Geburtstag des preußischen Generals Gerhard Johann David von Scharnhorst, der als Generalstabschef seit 1810 die Heeresreform durchführte.

Zwei Faktoren prägten von Beginn an ganz entscheidend das Gesicht der Bundeswehr. Einerseits die bereits beschriebene feste Bindung an den Westen, andererseits der »Primat der Politik«. Aus der Zeit der Weimarer Republik und des Dritten Reiches hatten die Politiker Lehren gezogen und daher mit dem Aufbau der Bundeswehr Mechanismen entwickelt, die Fehlentwicklungen der Vergangenheit verhindern sollten. Die Soldaten sollten nicht »Staat im Staat« sein oder werden können, sondern als »Staatsbürger in Uniform« fest in die demokratische Gesellschaft eingebunden werden. Politik und militärische Führung setzten an die Stelle des »Barras« die Grundsätze der »Inneren Führung«, die sowohl die Einsatzbereitschaft der Bundeswehr als auch die Rechte der Soldaten garantieren. Für die gewünschte Durchmischung mit der Gesellschaft sorgte die seit Juli 1956 gesetzlich festgeschriebene Wehrpflicht, die sich bis zur Gegenwart bewährte.

Im Vergleich mit anderen Staaten verankerte der Bundestag in den die Bundeswehr betreffenden Artikeln und Gesetzen ungewöhnlich viele Steuerungs- und Kontrollmechanismen. Mit dem Amt des Wehrbeauftragten besitzt die Volksvertretung seit dem Jahr 1959 ein Kontrollorgan, das unter anderem über die Gewährleistung der Grundrechte der Soldaten wacht. In Friedenszeiten steht den deutschen Streitkräften der Bundesverteidigungsminister vor. Im Verteidigungsfall geht diese Kompetenz an den Bundeskanzler über. Die Entscheidungen über das Budget der Bundeswehr trifft der Bundestag. Bundeskanzler Adenauer beschrieb in seinen »Erinnerungen« eine Folge, die die umfangreichen parlamentarischen Kontrollen für die Bundeswehr mit sich brachte: »Nach den Vorschriften des Bundestages – die nach meiner Meinung nicht so unbedingt verfassungsgemäß waren – konnte nicht einmal eine Teekanne gekauft werden für die Leute, die wir eingezogen hatten, ohne dass der Kauf ausgeschrieben und ein unendlich kompliziertes Verfahren angewendet wurde.«

Der personelle Aufbau der Bundeswehr vollzog sich in einem atemberaubenden Tempo. Ende 1956 standen rund 66.000 Mann unter Waffen. Vier Jahre später hatte sich die Zahl der Soldaten bereits vervierfacht. Innerhalb der folgenden sechs Jahre – bis 1966 – nochmals verdoppelt. Die

■ **Mitte der 60er-Jahre löste eine Serie von »*Starfighter*«-Abstürzen in der Bundeswehr eine tiefe Krise aus.** *Foto: BMVg*

Gesamtzahl der westdeutschen Streitkräfte lag bei über 454.000 Mann, damit hatte die Bundesrepublik die im NATO-Vertrag eingegangene Verpflichtung erfüllt.

Von Beginn an litt die Bundeswehr unter einem notorischen Geldmangel. Das schnelle Aufstellungstempo forderte seinen Tribut: Schlechte Ausrüstung und Bewaffnung der Soldaten, zu wenige und zum Teil schlechte Unterkünfte. Der erste Verteidigungsminister, Theodor Blank, trat nach 16-monatiger Amtszeit frustriert zurück. An seine Stelle trat der CSU-Abgeordnete Franz Josef Strauß. Sein Wahlspruch war: »Qualität vor Quantität«. Aber die Finanzausstattung der Bundeswehr konnte er nicht entscheidend verbessern. Die leeren Kassen wurden zu ihrem Synonym – und blieben nicht ohne Folgen. Allein im Jahr 1965 verlor die Bundesluftwaffe 26 Kampfflugzeuge des Typs Lockheed F-104 G – besser bekannt als »Starfighter« – durch Absturz. Der daraufhin eingesetzte Parlamentarische Untersuchungsausschuss deckte zahlreiche Defizite auf: schlechte Ausbildung der Piloten, Fertigungsmängel und eine unzureichende Wartung der Maschinen. Der Generalinspekteur der Bundeswehr und der Inspekteur der Luftwaffe, die Generale Trettner und Panitzki, wurden wegen ihrer Kritik in den einstweiligen Ruhestand versetzt. Kritik ist eben auch in Demokratien nicht immer erwünscht und gelitten.

Seit 1956 unternahmen die Bundeskanzler den Versuch, starke Führungspersönlichkeiten an die Spitze des Verteidigungsministeriums zu setzen. In der Regel wurde der Ministerposten auf der Bonner Hardthöhe mit vielfältig begabten Experten besetzt. Dies galt insbesondere für die konservativen Politiker Franz Josef Strauß, Gerhard Schröder, Manfred Wörner und Gerhard Stoltenberg und ebenso für die Sozialdemokraten Helmut Schmidt, Georg Leber und Hans Apel. Auffallend und charakteristisch ist nicht nur, dass fast alle Verteidigungsminister »Karriere machten« – allen voran Bundeskanzler Helmut Schmidt –, sondern dass sich unter ihnen besonders viele Finanzexperten finden: Strauß, Schmidt, Apel und Stoltenberg waren vor oder

■ Ein fester Bestandteil des Heeres: Seit 1963 kam der Kampfpanzer *Leopard* zur Truppe. Allein von 1965 bis 1970 fertigte Kraus-Maffei insgesamt 1845 *Leoparden*. Danach fanden zahlreiche Nachrüstungen und Umbauten am *Leopard I* statt. Seit Ende der 60er-Jahre wurde an einer Neugestaltung des erfolgreichen Panzers gearbeitet.

■ 1979 lieferte der Hersteller die ersten *Leopard 2* an die Truppe. Auch dieser Kampfpanzer wurde immer wieder verändert und verbessert. Im Bild ein Rudel *Leopard 2 A5*, der seit 1996 an die Panzertruppe geliefert wurde. *Foto: BMVg*

nach ihrer Amtszeit im BMVg Bundesminister der Finanzen.

Die Bundeswehr war ein Kind des Ost-West-Konflikts, der die Struktur der Streitkräfte, ihre Personalstärke, räumliche Verteilung, Ausbildung und Bewaffnung bestimmte. Unter dem atomaren Schutzschild der USA kam dem größten konventionellen Truppenkontingent des westlichen Bündnisses in Europa die Aufgabe zu, zusammen mit den Verbündeten »die Integrität des NATO-Territoriums zu erhalten oder wiederherzustellen.« Um den Frieden durch Abschreckung zu sichern, entwickelte die NATO seit 1967 die Strategie der »Flexiblen Reaktion«. Darunter ist – vereinfachend – ein dreistufiges Modell der Abwehr eines Angriffs zu verstehen. Es besteht aus den Elementen der Abwehr mit konventionellen Streitkräften im Rahmen der Direktverteidigung; der Eskalationsstufe, in der ein nuklearer Einsatz nicht auszuschließen ist (»taktische« Atomwaffen) und schließlich der Nuklearen Reaktion, die den Einsatz des gesamten militärischen Potenzials, einschließlich der nuklear-strategischen Waffen, bedeutet. Aufgrund der geographischen Lage – häufig verkürzend bildhaft als Enge des Raumes bezeichnet – galt das strategische Prinzip der »Vorneverteidigung«. Dies bedeutet, der Kampf gegen einen Aggressor sollte im unmittelbaren

■ **Frühjahr 2001: Zwei *Eurofighter* über Süddeutschland. Bereits in den 80er-Jahren begann die Planung für ein neues Kampfflugzeug, damals noch als *Jäger 90* bezeichnet. Der Jet wurde zu einem Synonym für die Sparnotwendigkeiten der Bundeswehr. 2003 kamen die ersten von insgesamt 180 »Jägern« in die Geschwader. Der Stückpreis liegt bei rund 80 Millionen Euro. Verteidigungsminister Dr. Struck bewertete den *Eurofighter* im Herbst 2003 lakonisch: *»Dieses Flugzeug ist jeden Euro wert.«***
Foto: BMVg

Grenzraum beginnen, da man davon ausging, dass größere Geländeverluste die Gesamtverteidigung Westeuropas unmöglich machen würden. Aufgrund dieser Vorgaben lag der Schwerpunkt der Bewaffnung der Bundeswehr in dem Bereich, der als defensiv bezeichnet werden kann: Auf den Panzer- und Luftabwehrkräften.

Die NATO-Strategie schloss für die westeuropäischen Staaten – allen voran für die Bundesrepublik Deutschland – einen ganz gravierenden Nachteil ein: Das Gebiet zwischen Rhein und Elbe war als Kampfgebiet auserkoren, in dem zu einem relativ frühen Zeitpunkt der militärischen Auseinandersetzung der Einsatz taktischer Atomwaffen in großer Zahl »nicht ausgeschlossen« war. Die Verteidigung der Bundesrepublik schloss somit die faktische Vernichtung Deutschlands mit ein.

Dieses Dilemma versuchte der NATO-Doppelbeschluss zu lösen. Die Außen- und Verteidigungsminister des Bündnisses beschlossen im Dezember 1979, auf die drei Jahre zuvor begonnene Aufrüstung der Sowjetunion mit atomar bestückbaren Mittelstreckenraketen der Typen SS-20 und SS-22 zu reagieren. Um das militärische Gleichgewicht wiederherzustellen, beschlossen sie, US-Raketen des Typs Pershing II und Marschflugkörper in Westeuropa – mit Schwerpunkt in Deutschland – zu stationieren. Gleichzeitig bot die NATO der Sowjetunion Verhandlungen über die Begrenzung der strategischen Waffen (SALT = Strategic Arms Limitation Talks) an, die aber 1983 scheiterten, nachdem die USA mit der Stationierung von Mittelstreckenraketen auf dem Gebiet der Bundesrepublik begonnen hatten.

■ **Konstanz und Wandel: 1959 führte die Bundeswehr das Sturmgewehr G 3 ein. Die Wurzeln dieser Waffe lagen in dem gegen Ende des II. Weltkriegs entwickelten deutschen Sturmgewehr 45(M), das als Nachfolger des bekannteren Sturmgewehrs 44 vorgesehen war. Das Ende des von Heckler & Koch gefertigten, millionenfach bewährten G 3 leitete die Bundeswehr in den späten 90er-Jahren ein. Seither wurde es Schritt für Schritt vom ebenfalls in Oberndorf am Neckar produzierten G 36 abgelöst. Nach dem Entscheid des Europäischen Gerichtshofs in Luxemburg steht seit dem Jahr 2000 auch in der Bundeswehr Frauen der »Dienst an der Waffe« offen.** *Foto: BMVg*

Die Strategie des Westens erwies sich in der Folge dennoch als richtig. Am 8. Dezember 1987 unterzeichneten die beiden Supermächte in Washington den INF-Vertrag *(Intermediate Range Nuclear Forces),* der die Vernichtung aller atomar bestückten Mittelstreckenraketen vorsah.

Nahezu alle Politiker, Wissenschaftler und Soldaten vertraten Mitte der 80er-Jahre die Auffassung, der Ost-West-Gegensatz werde noch für einen unabsehbaren Zeitraum Bestand haben. Belächelt – ja teilweise ins Abseits gedrängt – wurden diejenigen, die unter diesen Voraussetzungen eine Perspektive für die Wiedervereinigung Deutschlands entdeckten. 1986 machte der ehemalige Bundeskanzler Helmut Schmidt den Lesern seines Buches »Eine Strategie für den Westen« Mut. Er verwies darauf, die Polen hätten mehr als 130 Jahre für ihre Einheit gekämpft und schließlich ihr Ziel erreicht: »Das gleiche wird für die Deutschen gelten, obwohl sie wissen, dass in der derzeit voraussehbaren Zukunft keine Chance dafür besteht. Irgendwann im nächsten Jahrhundert könnte ihr Ziel aber erreicht werden – und mag es auch erst spät im nächsten Jahrhundert sein.«

Es dauerte nicht einmal vier Jahre, bis in der Weltpolitik nichts mehr so war wie zuvor. Deutschland erreichte die Wiedervereinigung,

■ **Ankunft deutscher und französischer SFOR-Truppen in Tuzla. Seit 1996 stehen Bundeswehr-Soldaten in Bosnien und Herzegowina. Die deutsch-französische Brigade wurde 1989 in Böblingen aufgestellt.** *Foto: BMVg*

wenige Jahre später löste sich der Warschauer Pakt auf. Rasch wurden nach 1990 aus Feinden Freunde. Diese Entwicklung rief in Deutschland zahlreiche Experten auf den Plan. Mit glühendem Eifer riefen nicht wenige Pazifisten das Zeitalter des »Ewigen Friedens« aus. Sie forderten die deutsche Regierung auf, aus dieser Erkenntnis Konsequenzen zu ziehen: Die Misstrauischen schlugen die Reduzierung der Bundeswehr auf 100.000 Mann vor. Die Ideologen und die Anhänger einer deutschen Neutralität propagierten den Austritt der Bundesrepublik aus der NATO und die Radikalen plädierten für die Abschaffung der Bundeswehr.

Die konservativ-liberale Regierung unter Bundeskanzler Helmut Kohl sah die Entwicklung sehr viel nüchterner und setzte rasch die Vereinbarungen des Zwei-Plus-Vier-Vertrags um, der die Wiedervereinigung Deutschlands regelte und auch eine Reduzierung der deutschen Truppen vorsah. Nach der Integration der *Nationalen Volksarmee* der DDR hatte die Bundeswehr eine Stärke von 550.000 Mann erreicht. Innerhalb von vier Jahren sollten 180.000 Stellen gestrichen werden. 1994 beschloss das Bundesministerium der Verteidigung eine weitere Verringerung auf rund 340.000 Mann. Bis Ende April 2009 sank die Zahl der Soldaten – und Soldatinnen – auf 253.000.

■ **Juni 1999: Konvoi deutscher KFOR-Truppen auf dem Weg von Skopje nach Prizren während einer Marschpause.** *Foto: BMVg*

Viele Stellen für zivile Mitarbeiter wurden abgebaut und seit 1990 bis zur Gegenwart rund 30 Prozent der Standorte geschlossen. Dieser Trend soll sich noch bis 2010 fortsetzen. Dann – so die Planung des Bundesministers der Verteidigung – sollen in rund 460 Standorten noch 250.000 Soldaten und 75.000 Zivilisten arbeiten.

Parallel zur Reduzierung der deutschen Streitkräfte formulierte man im Weißbuch für die Bundeswehr von 1994 deren Auftrag neu. Sie soll Deutschland gegen politische Erpressung und äußere Gefahr schützen; Deutschland und seine Verbündeten verteidigen; die militärische Stabilität und Integration Europas fördern; dem Weltfrieden und der internationalen Sicherheit im Einklang mit der Charta der Vereinten Nationen dienen und bei Katastrophen helfen und humanitäre Aktionen unterstützen. Dieses Verwendungskonzept der Bundeswehr ging in einigen Bereichen deutlich über die noch bestehenden rechtlichen Grundlagen hinaus. Im Juli 1994 erklärte das höchste deutsche Gericht Kriseneinsätze der Bundeswehr im Rahmen von friedenserhaltenden Maßnahmen auch außerhalb der deutschen Grenzen und ebenso außerhalb der Grenzen der NATO für zulässig. Eine Konsequenz dieses Urteils der Verfassungsrichter war die Teilung der Bundeswehr in die Hauptverteidigungskräfte und die Krisenreaktionskräfte.

Bis es zu Kampfeinsätzen der Bundeswehr kommen würde, war vor dem Hintergrund der neuen weltpolitischen Lage und der veränderten rechtlichen Bedingungen nur eine Frage der Zeit. Am Golfkrieg nahm Deutschland im Jahr 1991 nur als zahlendes Mitglied teil – der deutsche Beitrag lag bei 17 Milliarden Mark(!). In der Folgezeit verwischten mit der zunehmenden Zahl der Einsätze der Bundeswehr im Ausland auch die klaren definitorischen Trennungen: Humanitäre Aufgaben, friedenserhaltende und friedenschaffende Maßnahmen gingen ineinander über. Dem Minenräumen der Bundesmarine im Persischen Golf folgte der Einsatz von Sanitätern der Bundeswehr in Kambodscha. Deutsche Soldaten aus allen drei

Teilstreitkräften nahmen an der Überwachung des Embargos gegen Jugoslawien teil. Und deutsche Soldaten saßen in den AWACS-Flugzeugen, die den jugoslawischen Luftraum überwachten. 50 Jahre nach Kriegsende schossen deutsche Soldaten erstmals wieder in einem Einsatz: Im März 1995 retteten sie auf dem Flughafen der albanischen Hauptstadt Tirana 120 Europäer, unter denen sich 20 Deutsche befanden, und flogen sie nach Montenegro aus. Ende 1995 entsandte der Deutsche Bundestag 3600 Soldaten der Bundeswehr nach Kroatien. Im Frühjahr 1999 beteiligte sich die deutsche Luftwaffe im Rahmen des NATO-Unternehmens »Allied Force« an den Bombardements Serbiens. Die deutschen Tornados stiegen auf, weil die aus Sozialdemokraten und Grünen gebildete Bundesregierung dies für den einzigen Weg hielt, um in dieser Region Frieden zu schaffen.

Im Herbst 2001 – nach den Terroranschlägen auf New York und Washington – entsandte der Bundestag deutsche Soldaten nach Afghanistan. Dort sollten sie mithelfen, das internationale Netzwerk des Terrors zu zerschlagen. Bundeskanzler Gerhard Schröder skizzierte im November 2001 in einem Focus-Interview die veränderte Bedeutung Deutschlands und der Bundeswehr: »Die Veränderung der deutschen Außen- und Sicherheitspolitik begann schon mit unserer Regierungsübernahme, mit der Beteiligung am Kosovo-Krieg. Deutschland konnte sich früher vor der militärischen Lösung von Konflikten drücken, weil es ein geteiltes Land war. Das Argument der Teilung haben wir glücklicherweise nicht mehr. Mit dieser Entscheidung betreten wir wirklich Neuland, weil es erstmals darum geht, Bündnisverpflichtungen außerhalb Europas und des NATO-Gebiets wahrzunehmen. Früher hieß es, Deutschland sei wirtschaftlich ein Riese, politisch ein Zwerg. Unsere Partner akzeptieren nicht mehr, dass wir nur Schecks herüberreichen.«

Eine besondere Rolle spielen im Einsatz in Afghanistan die Spezialkräfte der Bundeswehr, die der Bundeskanzler im *Focus*-Interview erwähnte: »Bei den Spezialkräften gibt es weltweit nur wenige, die so gut ausgebildet sind wie unsere.«

■ 11. September 2001. Der Tag, der zum Synonym für den Internationalen Terrorismus wurde.

■ KSK-Patrouille in Afghanistan. Bei Feindkontakt in einer deckungslosen Steinwüste ist das Einnebeln eine Möglichkeit, sich vom Gegner zu lösen. *Foto: KSK*

Die Geschichte des KSK: Von Kigali nach Kabul

Seit Jahren zeichnen Meinungsforschungsinstitute durchweg ein positives Bild der Bundeswehr. Auf der Sympathieskala liegen die Männer – und Frauen – von Heer, Luftwaffe und Marine nahezu gleichauf mit den Richtern am Bundesverfassungsgericht, und die Bürger bringen ihnen sehr viel mehr Vertrauen entgegen als zum Beispiel Politikern.

Am guten »Image« der Bundeswehr in der deutschen Öffentlichkeit änderten Anfang der 80er-Jahre weder die Demonstranten etwas, die auf die Straße gingen, um gegen die so genannte NATO-Nachrüstung zu demonstrieren, noch Randalierer, die ihren Unmut bei öffentlichen Gelöbnissen von Bundeswehr-Soldaten durch Trillerpfeifen zum Ausdruck brachten.

■ **Vorführung in Baumholder 1997: Die Fähigkeit, Geiseln aus den Händen von Terroristen zu befreien, gehörte von Beginn an zum Aufgabenspektrum des KSK. Die dabei angewandten Techniken weisen große Gemeinsamkeiten zu solchen von Spezialeinheiten der Polizei auf. Allerdings nutzt das KSK polizeiliche Taktiken in einem militärischen operativen und strategischen Umfeld. Damit ist sein Auftrag komplexer als der eines SEK oder der GSG 9.** *Foto: BMVg*

■ **Klein und fein. Die in Pfullendorf ausgebildeten Männer verkörperten zu allen Zeiten einen besonderen Soldatentyp. Und hohes internationales Ansehen genoss die Fernspähtruppe auch. Zahlreiche Fernspäher kamen in den ersten Jahren zum KSK.** *Foto: BMVg*

Sehr viel anders beurteilten die deutschen Meinungsmacher über lange Zeit Eliten und alles, was damit zusammenhängt. Während in Deutschland die Bemühungen, Eliteschulen und Eliteuniversitäten aufzubauen, argwöhnisch beobachten wurden, rührte sich gegen den Aufbau des Kommandos Spezialkräfte (KSK) kaum öffentlicher Protest, obwohl hochrangige Vertreter der Bundeswehr und auch die regierenden Politiker von Beginn an keinen Hehl daraus machten, dass das KSK zu einem Eliteverband geformt werden sollte.

In den Zeiten des Ost-West-Konflikts hatten in der Bundeswehr Spezialkräfte nur eine untergeordnete Rolle gespielt. Generalmajor a. D. Georg Bernhardt stellte in einem Beitrag in einer Fachzeitschrift fest, im westdeutschen Heer hätten gegenüber Spezial- und Kommandokräften »verständliche Vorsicht, aber auch unberechtigte Vorbehalte, teilweise sogar Vorurteile« bestanden. Damals standen lediglich die Kampfschwimmer in Eckernförde und die Fernspäher, die nach wie vor in Pfullendorf ausgebildet werden, im Ruf, eine hervorragende Ausbildung zu erhalten und dementsprechende militärische Leistungen vollbringen zu können. Es gab im Heer zwar Fallschirmjäger – in nicht geringer Zahl –, aber ihre Ausbildung charakterisierten klassische Kriegsszenarien, die von langen Frontverläufen ausgingen: »Hinter den feindlichen Linien abzuspringen«, war in diesem strategischen Konzept eine Ausnahme, nicht die Regel. Selbst für schnelle Handstreiche waren die luftbeweglichen Verbände nicht originär vorgesehen. Im Vergleich mit den Fallschirmjägern des II. Weltkriegs vollzogen ihre Nachfolger in der Bundeswehr bezogen auf ihre strategische Verwendungsvielfalt eine Rückwärtsbewegung. Eine Ausnahme stellte eine

■ **Eine schnelle Möglichkeit, um ins Wasser zu gelangen. Auch die Fallschirmjägerkompanie B1 aus Lebach trainierte dies in den frühen 90er-Jahren. Das Springen aus einer Bell UH 1D ins Wasser sieht nur leicht aus. Die Technik wurde vom KSK weiter verfeinert.** *Foto: KSK*

■ **Die Fallschirmjäger der Bundeswehr genossen zu allen Zeiten einen guten Ruf, obwohl das taktische Potenzial, das in dieser Waffengattung steckt, über Jahrzehnte hinweg nur teilweise genutzt wurde. Die ersten Fallschirmjäger der Bundeswehr begannen ihre Ausbildung Ende 1956 in Altenstadt. Bis zum Jahr 2002 stellte die Bundeswehr 120.000 Springerscheine aus. Fallschirmjäger können als Keimzelle der modernen deutschen Spezialkräfte bezeichnet werden. Härte zu sich selbst, Bescheidenheit, Disziplin, Korpsgeist und hohes infanteristisches Können sind Grundvoraussetzungen für jeden Fallschirmjäger und in noch erhöhtem Maße für jeden Kommandosoldaten.** *Foto: BMVg*

Spezialtruppe mit dem Namen »Bravo«-Kompanie dar. Jede Luftlandebrigade, die 25., 26. und 31., verfügte über jeweils eine solche Einheit. Diese sollte unter anderem auch in der Lage sein, Geiselbefreiungen durchzuführen. Darüber hinaus erhielten ihre Soldaten auch eine Grund-Ausbildung im Kommandokampf. Damit wollte man diese Männer in die Lage versetzen, »dem Feind Schaden von operativer Bedeutung zuzufügen.« Und Kampfschwimmer gibt es in der Bundeswehr auch. Sie galten über Jahrzehnte als das Synonym für eine besonders harte militärische Ausbildung, aber ihr Einsatzspektrum war zunächst relativ eng begrenzt.

Wie unzureichend die Bundeswehr auf die militärischen Herausforderungen nach der Zeit des »Kalten Krieges« vorbereitet war, demonstrierte ein Ereignis, das sich viele tausend Kilometer von Deutschland entfernt ereignete:

Am 6. April 1994 schossen Rebellen ein Flugzeug ab, das sich im Landeanflug auf die ruandische Hauptstadt Kigali befand. Alle Insassen kamen ums Leben, unter ihnen auch die Präsidenten der zentralafrikanischen Staaten Burundi und Ruanda. Durch den Tod Juvénal Habyarimanas entflammte in Ruanda der seit Jahrzehnten schwelende Konflikt zwischen den Stämmen der Hutu und Tutsi. Der Hass entlud sich in Pogromen, denen bereits in den ersten Tagen Tausende zum Opfer fielen. Bevor die Infrastruktur des afrikanischen Landes völlig zusammenbrach, konnten noch zahlreiche Ausländer das Land verlassen. Die meisten verdankten ihre Flucht Fallschirmjägern der französischen Fremdenlegion, die am 9. April den Flugplatz von Kigali besetzt hatten. Viele flohen von dort in den Süden, in die Hauptstadt Burundis, Bujumbura. Wenige Tage später – nachdem sich die Franzosen zurückgezogen hatten –

■ **Kampfschwimmer üben das Anlanden. Das »nasse Element« stellt eine ganz besondere Herausforderung dar.** *Foto: BMVg*

■ **Diese Art der Beförderung gehört zum Fächerkanon jeder Spezialeinheit. Besonders viel Spaß bereitet das »schnelle Anlanden«, wenn der Hubschrauberpilot einen »Konturenflug« hinlegt. Dabei rast er im Tiefstflug über die Landschaft. Hat der Drehflügler das Ziel erreicht, setzt der Pilot die Maschine nicht auf, sondern die Männer springen aus rund einem Meter Höhe ab.** *Foto: KSK*

gab es für die noch im Land verbliebenen Ausländer keine Fluchtmöglichkeit mehr. Unter ihnen befanden sich auch elf Mitarbeiter der »Deutschen Welle«, die in einer Relaisstation festsaßen. Die diplomatischen Drähte liefen heiß, um eine Möglichkeit zu finden, sämtliche Europäer – unter ihnen zahlreiche Entwicklungshelfer und Missionare – aus Ruanda zu evakuieren. Zwischen den USA, den Vereinten Nationen, Frankreich, Bonn und Brüssel wurde fieberhaft nach einer Möglichkeit zu deren Rettung gesucht. Schließlich übernahmen belgische Fallschirmjäger diese Aufgabe. Den wichtigsten Grund dafür stellten die historischen Verbindungen beider Staaten dar: Ruanda war seit Ende des Ersten Weltkriegs belgisches Mandatsgebiet gewesen – zuvor hatte es zu Deutsch-Ostafrika gehört – und war Anfang der 60er-Jahre eine unabhängige Republik geworden. Ohne dass ein Schuss fiel, brachten die belgischen Soldaten ihre Landsleute sowie schweizerische und deutsche Staatsbürger am 13. April 1994 außer Landes nach Bujumbura. Von dort holte sie eine Transall C-160 der Bundeswehr ab und flog sie nach Deutschland zurück.

■ Bevor das KSK aufgestellt wurde, eilte den Kampfschwimmern der Ruf voraus, die härteste Ausbildung innerhalb der Bundeswehr zu durchlaufen: Anlandende Kampfschwimmer mit einem Panzerabwehr-Fluglenkkörper des Typs »Milan«. *Foto: BMVg*

■ Sorgfältig wertete die Bundeswehr unterschiedliche Geiselnahmen und Befreiungsaktionen der Vergangenheit aus und entwickelte daraus eigene Konzepte. Das »Retten & Befreien« steht bei öffentlichen Vorführungen des KSK – wie hier im September 1997 in Baumholder – fast immer im Vordergrund. Dazu gehört es auch, verletzte Zivilisten zu bergen und medizinisch zu versorgen. *Foto: BMVg*

Der Bürgerkrieg wütete in Ruanda offiziell bis 1995, danach schwelte der Konflikt zwar weiter, wurde von der Weltöffentlichkeit jedoch nur sporadisch zur Kenntnis genommen.

Insbesondere die europäischen Staaten zogen aus den Ereignissen in Zentralafrika endlich Konsequenzen, denn ähnliche Situationen waren wahrlich nichts Neues; man denke nur an die Ereignisse im Kongo der 60er-Jahre und an die Rettungsaktion der Franzosen in Kolwezi 1978. Die Europäer bauten nun ein engmaschiges diplomatisches Netz auf, um in vergleichbaren Fällen

■ **Von Beginn an stand fest, dass die neu aufzustellende Truppe auch klassische militärische Aufgaben würde bewältigen müssen. Die bereits in der Anfangsphase des KSK beklagten mangelhaften Luft-Transportmöglichkeiten haben sich bisher noch nicht nachhaltig gebessert.** *Foto: BMVg*

schneller Hilfe leisten zu können. Dazu gehörte es auch, die bestehenden Strategien weiter auszugestalten, wozu auch feste Evakuierungspläne gehören. Seit 1998 ist geregelt, welches Land in einer Krisenregion jeweils die Aktionen koordiniert. Abgesehen von wenigen Ausnahmen übernehmen bei Konflikten auf dem afrikanischen Kontinent die USA und Frankreich, seltener Großbritannien die Rolle der Führungsnation, der »lead nation«. Die Pläne für den Notfall sehen vor, wo sich die Ausländer im Fall einer kriegerischen Auseinandersetzung sammeln und wie sie von dort abtransportiert werden. Selbstverständlich sind die konkreten Inhalte dieser Vorgehensweise geheim.

Die Ereignisse in Ruanda verdeutlichten, dass der begonnene Modernisierungsprozess der Bundeswehr dringend erforderlich war. Kigali lieferte das Startzeichen, um auf dem bereits eingeschlagenen Weg noch schneller voranzuschreiten. Die neuen Zeichen der Zeit wurden jedoch nicht von allen erkannt. Während sich die Elite der deutschen Politikwissenschaftler noch eifrig bemühte, Deutschlands neue Außenpolitik zu definieren, waren die Praktiker bereits dabei, den neu gewonnenen Handlungsspielraum auszufüllen.

Die Grundlage dafür hatte das höchste deutsche Gericht geschaffen. Am 12. Juli 1994 entschied das Bundesverfassungsgericht in Karlsruhe in seinem »Out-of-Area«-Urteil, dass humanitäre und auch militärische Einsätze der Bundeswehr auch außerhalb des NATO-Gebietes zulässig seien. Als Grundvoraussetzung dafür schrieben die sieben Richter vor, dass die Bundesregierung zuvor die »konstitutive Zustimmung« des Deutschen

■ **Volker Rühe, geboren 1942, Oberstudienrat a.D., Bundesminister der Verteidigung von 1992 bis 1998.**
Foto: BMVg

Bundestags einholt, wozu die einfache Mehrheit ausreicht. Ein dreiviertel Jahr später zeichnete eine Rede des Bundespräsidenten Roman Herzog Deutschlands Weg zur politischen Normalität vor. In seiner Ansprache vor der *Deutschen Gesellschaft für Auswärtige Politik* stellte er in Anspielung auf den Golfkrieg von 1991 fest, für die Deutschen sei nunmehr die Zeit des »Trittbrettfahrens« vorüber. Nun müsse gelten, dass Deutschland die politische und auch militärische Verantwortung in der Welt übernehme, die seinem gewachsenen Gewicht entspreche.

Auf der Bonner Hardthöhe hatte der Führungsstab des Heeres im Sommer 1994 begonnen, Konzepte für den Aufbau eines Verbandes zu entwickeln, dessen Aufgaben in Evakuierungsaktionen, aber auch in der Guerillabekämpfung liegen sollten. Der damalige Inspekteur des Heeres, General Hartmut Bagger, hatte mit großer Bestimmtheit dazu die Vorgabe gegeben: »Was in Ruanda passiert ist, möchte ich nicht wieder erleben«.

Rasch wuchs in den Planungen das Aufgabenprofil der neuen Truppe an: Der zu schaffende Verband sollte nicht nur Zivilisten evakuieren können, sondern auch in der Lage sein, Geiseln zu befreien. Und sehr bald gab es auch Berichte, die neuen Sonderkräfte der Bundeswehr sollten irgendwann die gleichen Fähigkeiten besitzen wie britische oder amerikanische Spezialeinheiten.

Elf Monate nach den Ereignissen in Kigali waren die Planungen so weit gediehen, dass der damalige Bundesminister der Verteidigung, Volker Rühe, in seinem Ressortkonzept den Aufbau eines »Kommando Spezialkräfte (KSK)« ankündigte. Wenige Wochen später lagen die Pläne zur Aufstellung eines Spezialverbandes auf den Tischen des Verteidigungsausschusses des Deutschen Bundestages. Im Juni 1995 beschloss das Kabinett Kohl die Aufstellung.

Das anvisierte Aufgabenspektrum des KSK hatte sich im Verlauf der Planungen kontinuierlich erweitert. Zum öffentlichkeitswirksamen Element der »Rettung und Evakuierung deutscher Staatsbürger und/oder anderer Personen in besonderen Lagen im Ausland« kamen noch andere hinzu: »Gewinnung von Schlüsselinformationen in Krisen- und Konfliktgebieten«, der »Schutz eigener Kräfte auf Distanz und der Schutz von Personen in besonderer Lage« und nicht zuletzt auch »Kampfeinsätze im gegnerischen Gebiet«. Auch die Heimat der neuen Spezialtruppe war rasch gefunden. Im Ministerium fiel die Entscheidung, »das Brigadekommando 25 Calw in ein Kommando Spezialkräfte« umzuwandeln.

Wer die regelmäßig langen Entscheidungsfindungsprozesse in deutschen Ministerien kennt, kommt aus dem Staunen nicht mehr heraus. Der Aufbau des KSK entwickelte sich mit einer Geschwindigkeit, die allenfalls noch vom Aufbau der GSG 9 im Jahr 1972 übertroffen wird. Aber der Aufstellung der Anti-Terror-Spezialeinheit des BGS war der Anschlag auf die Olympischen Spiele in München vorausgegangen, in dessen Verlauf zahlreiche israelische Sportler von palästinensischen Terroristen ermordet worden waren. Damals zwang die öffentliche Meinung die Politiker zu raschem Handeln. Bis die GSG 9 »stand«, vergingen zwölf Monate. Der Aufbau der BGS-Truppe war nur möglich, weil ihr erster Kommandeur, Ulrich K. Wegener, und der damalige Bundesinnenminister Hans Dietrich Genscher an einem Strang zogen. Gemeinsam räumten sie bürokratische Hürden aus dem Weg.

Der »Vater des KSK« war ganz ohne Zweifel der damalige Inspekteur des Heeres, Generalleutnant Helmut Willmann. In die im Aufbau befindliche Spezialeinheit wurde all das hineingeschaufelt, was notwendig war: Allem voran materielle

Der Bundeswehr-Standort Calw

Die Stadt Calw liegt im Nordschwarzwald am Fluss Nagold. Eine traditionsreiche württembergische Stadt, die seit der zweiten Hälfte des 16. Jahrhunderts ihren Reichtum den Färbern und Tuchhändlern verdankte. Bekannt und zum Teil berüchtigt war die daraus hervorgegangene Calwer Zeughandlungskompanie, die über lange Zeit den Absatz der in der Region erzeugten Stoffe kontrollierte.
Literaturfreunde aus aller Welt wissen, dass 1877 in Calw der Schriftsteller Hermann Hesse geboren wurde, der 1946 den Nobelpreis für Literatur erhielt. In seinen Romanen und Erzählungen beschrieb er unter anderem Konflikte zwischen Individuen und Gesellschaft, das Streben nach Selbstverwirklichung und befasste sich mit der europäischen und asiatischen Philosophie.
Auch einer der erfolgreichsten Jagdflieger beider Weltkriege stammte aus Calw: Nachtjäger Major Heinz-Wolfgang Schnaufer (1922–1950) schoss im Rahmen der Heimatverteidigung zusammen mit seinem Bordschützen Wilhelm Gänsler und seinem Bordfunker Fritz Rumpelhardt 121 Gegner ab und sich an die Spitze der Nachtjäger aller Nationen. Wie sehr er auch vom Gegner geachtet wurde, belegt die Tatsache, dass die Briten am 16. Februar 1945 Schnaufer über den Soldatensender Calais sogar Geburtstagsgrüße übermitteln ließen.

■ **Hesse-Denkmal auf der Brücke über die Nagold in Calw.**

Die Geschichte der Bundeswehr begann in Calw im Jahr 1958, als die Entscheidung fiel, oberhalb der Stadt, in der Gemarkung »Im Hau«, eine Kaserne zu errichten. Drei Jahre später zog die Fallschirmjägerbrigade 25 mit der Fallschirmpionierkompanie 250 und dem Luftlandeversorgungsbataillon 256 in die neue Unterkunft ein. Im Herbst 1961 kam das Fallschirmartilleriebataillon 255 hinzu. 1964 erhielt die Unterkunft ihren Namen: »Graf-Zeppelin-Kaserne«. Zu Beginn der 70er-Jahre vollzog man einige Umstrukturierungen und benannte, nachdem kurze Zeit zuvor das Fallschirmjägerbataillon 251 von Böblingen nach Calw verlegt worden war, im Juli 1971 die Fallschirmjägerbrigade 25 um. Seither hieß sie Luftlandebrigade 25, die 18 Jahre später den Beinamen »Schwarzwald« erhielt. Nach deren Auflösung begann seit 1996 der Aufbau des Kommandos Spezialkräfte in Calw.

■ **Der Marktplatz in Calw. In dem Haus in der Mitte wurde 1877 der Schriftsteller Hermann Hesse geboren.**

und personelle Ressourcen. Bis zum Jahr 1999 flossen mehr als 41 Millionen DM in das KSK. Die gleiche Begeisterung für die Sache brachte der erste Kommandeur mit. Seit dem 1. April 1996 tat Brigadegeneral Fred Schulz alles für seine Männer, und auch die Bewerber für den Dienst im KSK konnten seiner Unterstützung sicher sein. Die Banane, die er einem erschöpften Soldaten gab, gehört zu den Legenden aus der Frühzeit. »Papa« Schulz, wie ihn seine Männer denn auch liebevoll nannten, war zuvor Kommandeur der Luftlandebrigade 25 in Calw gewesen. Der traditionelle Zusammenhalt der Fallschirmjäger prägte auch das KSK von Beginn an.

Der Geburtstag des Kommandos Spezialkräfte war der 20. September 1996, als der Verband offiziell aufgestellt wurde. Wenige Tage zuvor hatte er sich der Presse präsentiert, dabei einige mögliche Einsatzszenarien aus dem Aufgabenfeld »Retten und Befreien« dargestellt und einen Ausschnitt aus dem bereits vergleichsweise reichhaltigen Waffen- und Ausrüstungsfundus dargeboten. Die Journalisten waren zufrieden. Nicht nur der Redakteur des *Calwer Tagblatts* lobte die »stillen Profis«, die stets betonten, sie seien keine Rambos. Generalleutnant Willmann umschrieb im Interview das Profil des einzelnen KSK-Soldaten: Er solle »intelligent, robust und teamfähig« sein. Die modernen Waffen, das schnelle Abgleiten am Seil aus dem Hubschrauber, Nachtsichtbrillen und die moderne Schutzausrüstung der Soldaten aus der Graf-Zeppelin-Kaserne beeindruckten auch die deutsche Boulevard-Presse: »Sie treffen auch aus 600 Meter millimetergenau« konnte man lesen, und bereits in der Aufbauphase des KSK war nicht nur der *Bild*-Journalist Einar Koch sicher: »Sie sind die neue Elite-Truppe der Bundeswehr«.

Einige Abgeordnete der damaligen Oppositionsparteien – SPD und Bündnis 90/Die Grünen – problematisierten eine eher beiläufige Äußerung General Willmanns während des Pressetermins. Dieser hatte gesagt, bei einem Evakuierungseinsatz des KSK könnte es sein, dass die Parlamentarier nicht mehr rechtzeitig beteiligt werden könnten. Eigentlich eine Binsenweisheit; denn jeder weiß, dass die meisten Bundespolitiker nicht 24 Stunden am Tag und nicht 365 Tage im Jahr im Parlament sitzen, folglich auch nicht zu jeder Zeit das Parlament in der Lage sein kann, rasch eine Entscheidung über den Einsatz der Calwer Einheit zu treffen.

Einige Kritiker hatten bereits vor der im Herbst 1996 einsetzenden Diskussion um das Für und Wider des KSK die Wirklichkeit aus dem Blick verloren. Immer wieder war es in Calw und anderswo zu Demonstrationen gekommen, die im Verlauf der Ostermärsche des Jahres 1996 auch in Randale umschlugen. Federführend für zahlreiche Kampagnen gegen das KSK war die »Tübinger Informationsstelle Militarisierung e.V.« Dort brandmarkte man das KSK als »undemokratisch« und wähnte, es sei für »weltweite deutsche Machtpolitik gemacht«.

Eine Abgeordnete der Grünen, aufgrund ihrer parlamentarischen Funktion eine ausgewiesene Kennerin aller verteidigungspolitischen Aspekte, lehnte das KSK im Herbst 1996 rundweg ab. Auch das Aufgabenfeld des »Rettens und Befreiens« stimmte Angelika Beer nicht milde. Sie stellte fest, für derartige Aufgaben – wie zum Beispiel Kigali – gebe es »in jedem Staat Polizeikräfte, die eingesetzt werden können«. Diese Aussage ist zweifelsfrei richtig für den fest gefügten deutschen Rechtsstaat. Sie spiegelt aber nicht die Wirklichkeit in den Krisenregionen dieser Welt. Dort regieren skrupellose Kriegsherren, deren Willen Söldner und Stammesmilizen durchzusetzen. Dort gibt es keine Gesetze, keine Parlamente, keine Gewaltenteilung und – natürlich – keine Opposition. Dort gilt das Recht des Stärkeren, die Schwachen mutieren zum Spielball der Mächtigen. »Freunde und Helfer« sucht man dort vergeblich.

Nachdem die Kritik an der Aufstellung des KSK einige Zeit die Medien beschäftigt hatte und aus den Reihen der Friedensbewegten der wirklichkeitsfremde Vorwurf erhoben worden war, das KSK sei »jeder demokratischen Kontrolle und öffentlichen Kritik entzogen«, formulierte die Fraktion Bündnis 90/Die Grünen eine »Kleine Anfrage«. Am 18. Dezember 1996 stellte sie der Bundesregierung insgesamt 53 Fragen. Sowohl das, was man von den Regierenden wissen wollte, als auch deren Antworten erhellen manches, worauf in diesem Zusammenhang nicht näher eingegangen werden soll. Die Fragen umfassen ein breites Spektrum. In ihnen spiegelt sich zum Teil große militärische Sachkenntnis, ein beachtliches

Graf-Zeppelin-Kaserne

■ Ferdinand Graf Zeppelin als General der Kavallerie in der königlich-württembergischen Armee um 1913.
Foto: Zeppelin Museum Friedrichshafen

Die militärische Heimat des Kommandos Spezialkräfte erhielt ihren Namen nach dem legendären Grafen Ferdinand von Zeppelin, der am 8. Juli 1838 in Konstanz geboren wurde. Im Alter von 19 Jahren trat er in Ludwigsburg als Kadett in die königlich württembergische Armee ein. Seinem bereits in früher Jugend feststellbaren Interesse an den Naturwissenschaften konnte er während seines Technikstudiums an der Tübinger Universität nachgehen, das er unmittelbar nach dem Erwerb des Offizierpatents aufnahm. Danach folgten Verwendungen in der Bundesfestung Ulm, in der damals Truppen aus Bayern, Württemberg und Österreich stationiert waren, und in Ludwigsburg. In den frühen 60er-Jahren des 19. Jahrhunderts unternahm Graf Zeppelin ausgedehnte Dienstreisen. Er kam dabei auch nach Dänemark, Österreich und Frankreich, die Länder, mit denen wenige Jahre später der Deutsche Bund Kriege führte. Im Frühjahr 1863 unternahm er eine mehrere Monate dauernde Reise in die USA und beobachtete auf der Seite der Nordstaaten den Bürgerkrieg. Er erlebte nicht nur die Schlacht von Gettysburg, in der moderne Geschütze und Repetiergewehre zum Einsatz kamen, sondern er lernte hier auch die taktischen Möglichkeiten kennen, die Fesselballone boten.
Im Deutschen Krieg von 1866 machte Graf Zeppelin durch ein waghalsiges Unternehmen auf sich aufmerksam. Während der Schlacht bei Aschaffenburg durchschwamm er den Main – nur so war es möglich, eine Nachricht an die mit Württemberg verbündeten hessischen Truppen zu übermitteln. Vier Jahre später sehen wir ihn in der klassischen Rolle eines Kommandosoldaten: Wenige Tage vor dem Ausbruch des deutsch-französischen Krieges von 1870 unternahm er an der Spitze eines zwölf Mann starken Kavallerie-Spähtrupps eine mehrtägige Patrouille ins Elsaß, tief hinter die französischen Linien. Der Rekognoszierungsritt des Grafen Zeppelin – so der Titel eines zeitgenössischen Berichts – brachte wichtige Erkenntnisse über die Verteilung der aufmarschierenden französischen Truppen.
Erst seit 1890 beschäftigte sich der Graf mit den Luftschiffen, die später seinen Namen erhielten. Am 2. Juli 1900 absolvierte das erste Luftschiff Zeppelin (LZ 1) in Friedrichshafen am Bodensee seinen Jungfernflug. Zunächst dachte sein Konstrukteur nur an eine zivile Nutzung seiner lenkbaren Starrluftschiffe. Um seine zivilen Projekte finanzieren zu können, bemühte er sich in der Folgezeit um Regierungsaufträge. Nachdem er im Jahr 1909 die Luftschiffbau Zeppelin GmbH gegründet hatte, bestellte das Kriegsministerium eine seiner Konstruktionen, die später im Grenzgebiet zu Frankreich Beobachtungsflüge durchführte. Während des Ersten Weltkriegs wurden Luftschiffe auch als Bomber eingesetzt, allerdings nur mit mäßigem Erfolg; denn sie erwiesen sich – nicht zuletzt, weil die Zellen mit leicht entzündbarem Wasserstoff gefüllt waren – als sehr anfällig für feindliche Angriffe. Außerdem unternahmen sie Versorgungs- und Aufklärungsflüge über Tausende von Kilometern, unter anderem bis nach Ostafrika. Graf Zeppelin starb im Jahr 1917. Den Siegeszug seiner Zeppeline in der zivilen Luftfahrt erlebte er daher nicht mehr. In den 20er- und 30er-Jahren flogen sie nach Nord- und Südamerika und in den Fernen Osten. Mit dem Absturz des LZ 129 »Hindenburg« in Lakehurst in den USA endete im Jahr 1937 vorerst die Geschichte der in der Personenbeförderung eingesetzten Zeppeline.

■ **Einen Aufgabenschwerpunkt des KSK bildet der Bereich »Retten und Befreien«. Die Ausrüstung weist große Gemeinsamkeiten mit der polizeilicher Einheiten auf. Dies unterstrich der frühere Inspekteur des Heeres, General Willmann. Nachdem bekannt geworden war, dass KSK und GSG 9 sowie Spezialeinheiten der Polizei gemeinsame Übungen durchführten, stellte er fest: *»Funktional ist das Rausholen eines Kriegsverbrechers das Gleiche wie eine Geiselbefreiung.«* Auch das KSK verwendet unterschiedliche Schutzschild-Modelle. Zum Teil sind diese so schwer, dass nur zwei Männer sie bewegen können, andere bringen zwar deutlich weniger Gewicht auf die Waage, schützen aber nur den Oberkörper oder lediglich einen Teilbereich. Gemeinsam ist den Schilden die hochwertige Schutzklasse IV, die auch leistungsstarken Projektilen standhält. Kugelsichere Helme und Visiere vervollständigen die persönliche Schutzausrüstung des KSK-Soldaten.** *Foto: KSK*

historisches Hintergrundwissen, aber auch schlicht Unkenntnis, und mitunter kann man sogar erahnen, welche Kinofilme die Fragesteller besonders mögen. Die Antworten bestimmt der Grundsatz, nur das zu sagen, was ohnehin bekannt ist. Und obwohl sich die Bundesregierung mit der Beantwortung sechs Wochen Zeit ließ, wurde hier und da mit einer heißen Nadel gestrickt. Auf die Frage »Welche anderen Staaten verfügen über dem KSK hinsichtlich der Aufgabenstellung vergleichbare militärische Spezialkräfte?« antwortete die Regierung: »Frankreich, Großbritannien, Italien. Die Spezialkräfte der USA wurden in die Betrachtung mit einbezogen. Im Hinblick auf die Organisation, Umfang und Gesamtaufgabenspektrum gehen diese Kräfte jedoch weit über die für Deutschland relevanten Dimensionen hinaus.« Offensichtlich wurden – aus welchen Gründen auch immer – einige Staaten vergessen, gleichzeitig aber mehr gesagt, als eigentlich gefragt war. Und Widersprüche enthalten die Antworten auch:

Frage 35: »Ist die GSG 9 an der Ausbildung des KSK beteiligt, und wenn ja, in welcher Weise, wann und wie oft?«

Antwort: »Die GSG 9 unterstützt den Aufbau des KSK durch aktive Ausbildungsunterstützung im Bereich der Aufgabenstellung ‚Retten und Befreien'. Eine entsprechende Grundlagenausbildung wurde 1996 ca. 25 Angehörigen des KSK

Die GSG 9 – ein Vorbild für das KSK

Am 5. September 1972 überfielen palästinensische Terroristen das olympische Dorf in München und nahmen israelische Sportler als Geiseln. Ein Befreiungsversuch bayerischer Polizisten auf dem Flughafen Fürstenfeldbruck schlug fehl: Im Verlauf einer Schießerei wurden alle Israelis von den Geiselnehmern ermordet.

Wenige Tage nach diesem Blutbad reagierte der damalige Bundesinnenminister Hans-Dietrich Genscher, und befahl dem damaligen Major im Bundesgrenzschutz, Ulrich K. Wegener, eine Anti-Terror-Spezialeinheit aufzustellen. Ein Jahr später war die Grenzschutzgruppe 9 (GSG 9) einsatzbereit. Ausgestattet mit modernen Waffen und Fahrzeugen im Gesamtwert von über sechs Millionen Mark und bestens ausgebildet, warteten die Männer in der BGS-Kaserne in Sankt Augustin bei Bonn auf den Einsatzbefehl.

Die Geiselbefreiung in Somalias Hauptstadt Mogadischu machte die deutsche Zugriffs-Elite weltberühmt: Am 18. Oktober 1977 stürmten GSG-9-Männer unter Wegeners Kommando die Lufthansa-Maschine »Landshut«. Sie befreiten Passagiere und Besatzung aus den Händen arabischer Terroristen. Drei der vier *Hijacker* wurden im Verlauf des Feuergefechts getötet.

■ Ein Geschenk der Grenzschutzgruppe 9 aus Sankt Augustin bei Bonn für das Kommando Spezialkräfte der Bundeswehr.
Foto: KSK

Unter den Spezialeinheiten der Polizei und des Militärs gilt eine Geiselbefreiung aus einer Passagiermaschine als die größtmögliche Herausforderung. Neben hervorragender Ausbildung und Ausrüstung steckt das Geheimnis des Erfolgs in der taktischen Schulung der eingesetzten Kräfte. In der Folgezeit verbreitete die GSG 9 ihr Wissen weltweit. Mehrere Dutzend Einheiten aus allen fünf Erdteilen wurden von Beamten der GSG 9 im Kampf gegen den Terrorismus geschult.

Auch in der Gegenwart – gerade nach den Ereignissen vom 11. September 2001 – ist die Sondereinsatztruppe aus Sankt Augustin unverzichtbar. Vor der Öffentlichkeit werden die Einsätze der rund 200 Mann starken Einheit geheimgehalten. Nur Leute mit Einblick wissen, dass sie seit ihrer Gründung mehr als 1300 Mal gegen Terroristen und Schwerstkriminelle vorging. Um auch schwierigste Aufgaben lösen zu können, untergliederte man

vermittelt. Die Fortsetzung dieser jeweils einmal jährlich stattfindenden Ausbildungsunterstützung in vergleichbarer Stärke ist bis einschließlich 1998 geplant.«

Frage 37: »Sind gemeinsame Übungen von KSK und GSG 9 geplant, und wenn ja, wann?«

Antwort: »Nein.«

Und mitunter wurden in der Öffentlichkeit bekannte Inhalte zum Geheimnis erhoben. Nachdem sie die Frage nach der Ausbildungshilfe durch verbündete Streitkräfte gestellt hatten, wollten die Grünen wissen: »Handelt es sich bei ihnen um Soldaten von Spezialkräften, und wenn ja, aus welchen Verbänden, und mit welcher Kampferfahrung?« Darauf antworteten die Regierenden: »Es handelt sich um Angehörige der *US Special Operations Forces* und des *UK Special Air Service.* Detailaussagen zu Verbänden und deren Kampferfahrung unterliegen dem mit diesen Nationen abgesprochenen Vertrauensschutz.« Der SAS hätte die bloße Erwähnung mancher seiner Erfolge – die zum Beispiel der ehemalige Kommandeur der Einheit, Sir Peter de la Billière, in einem Buch ausführlich beschreibt – sicher nicht als Vertrauensbruch bewertet.

Das KSK focht seinen ersten Kampf in Deutschland. Es war der Kampf um die öffentliche Meinung. Dabei verfolgte es mehrere Ziele. Einerseits eine Steigerung des Bekanntheitsgrades, um so möglichst rasch möglichst viele

die GSG 9 in drei Teileinheiten, deren Angehörige eine Spezialausbildung als Taucher, Fallschirmspringer oder Präzisionsschützen erhalten.
Das KSK lernte in der Frühphase viel von der GSG 9. Bereits im Frühjahr 1996 besuchte der Einsatzzug »Retten & Befreien« die BGS-Einheit. Die Soldaten absolvierten unter anderem Lehrgänge bei den Präzisionsschützen und lernten unterschiedliche Vorgehensweisen bei Geisellagen kennen.
Zwischen dem KSK und der GSG 9 herrscht auf der Arbeitsebene ein kameradschaftliches Verhältnis, das von gegenseitigem Respekt und Anerkennung geprägt ist. »Natürlich besteht eine gesunde Konkurrenz, aber diese belebt nun mal das Geschäft«, stellt ein Offizier fest und ergänzt: »Das KSK hat durch seinen militärischen Charakter und seine Infrastruktur ganz andere taktisch-operative Möglichkeiten als die Kameraden der GSG 9.« Ein Polizeibeamter wird grundsätzlich nicht dazu ausgebildet, sich in einem Kriegsszenario unerkannt durchzuschlagen, ohne Nahrung und Wasser mehrere Tage zu überleben und ganz nebenbei noch einen strategischen Auftrag zu erfüllen.
Ein Kommando-Offizier des KSK, der die GSG 9 durch Lehrgänge sehr gut kennt, streicht einen wesentlichen Unterschied heraus: »Der Einsatz des KSK beginnt mit dem Weg zum Einsatzort, und unser Umfeld ist grundsätzlich nicht sicher. In manchen unserer Einsätze nutzen wir polizeiähnliche Vorgehensweisen in einem militärischem Umfeld.«
Einige Kommandosoldaten sind sicher, dass die neue Form der Bedrohung, die der globale Terrorismus darstellt, in Zukunft eine Veränderung der Zuständigkeiten erfordern wird. Die in Deutschland noch vollzogene strikte Trennung von Organen, die für die innere und die äußere Sicherheit zuständig sind, ist durch die normative Kraft des Faktischen in Zukunft neu zu bewerten. Aber: »Welche Kräfte wo zum Einsatz gebracht werden, bestimmt immer noch die Politik«, weiß ein Kommando-Offizier.
Manche Politiker sehen in der Zukunft eine weitgehende Kooperation zwischen Bundeswehr und Polizei. So etwa der frühere Bundeswehr-General und jetzige Innenminister von Brandenburg, Jörg Schönbohm. In einer Zeitschrift, die sich mit Fragen der Sicherheit im Innern und im Äußeren befasst, stellte er bereits im Herbst 2003 fest: »Polizei, Bundesgrenzschutz, Technisches Hilfswerk, aber auch unsere Bundeswehr müssen in einem schlüssigen Gesamtkonzept zusammenwirken, das die Zuständigkeiten bei der Gefahrenabwehr klärt und effektive Strukturen unter anderem für Führung, Einsatzkräfte, Logistik und Sanitätsversorgung aufweist. Dabei ist auch die Frage des Einsatzes der Bundeswehr im Innern zu beantworten.«

Interessenten nach Calw zu holen, und andererseits die Schaffung eines guten Eindrucks in der Öffentlichkeit. Um diese Ziele zu erreichen, war es notwendig, den Mantel des Schweigens, den manche Politiker und hochrangige Soldaten über diese Einheit breiten wollten, punktuell zu lüften. Man machte daher von Beginn an weder aus der Gründung des KSK noch den damit getroffenen Maßnahmen zur Ausbildung und Ausrüstung der Soldaten ein Geheimnis. Die Kommandeure der Einheit wurden – auch das ist keinesfalls überall üblich – der Öffentlichkeit vorgestellt, und gleiches galt von Beginn an für den Standort Calw. Zum Konzept der Öffentlichkeitsarbeit gehörte es auch, dass im September 1997 der damalige

■ 1997 übte das KSK in einer für Häuserkampf-Übungen besonders geeigneten Anlage eines befreundeten Verbandes.
Foto: KSK

SAS – Der Special Air Service der Briten

»*Who dares wins* – Wer wagt, gewinnt«. So lautet das Motto des 1941 ins Leben gerufenen britischen Sonderverbandes. Es heißt, die Truppe sei auf den persönlichen Wunsch des damaligen britischen Premierministers, Sir Winston Churchill, aufgestellt worden. Ähnlich den deutschen »Brandenburgern« wurde sie von Beginn an dafür ausgebildet und ausgerüstet, hinter den feindlichen Linien zu kämpfen. Seit Ende 1941 wurde der SAS nahezu auf allen Kriegsschauplätzen aktiv. In Nordafrika fügte er dem unter Nachschubproblemen leidenden Deutschen Afrikakorps unter Feldmarschall Rommel empfindliche materielle Verluste zu: Dutzende deutscher Flugzeuge sprengten die Engländer am Boden und zerstörten wichtige Kommunikationsanlagen. Auf der anderen Seite war die in Nordafrika eingesetzte Tropenkompanie der »Brandenburger« ähnlich fleißig. »Wüstenfuchs« Rommel, ansonsten ein Freund außergewöhnlicher Taktiken und Vorgehensweisen, war indes kein Freund unkonventioneller Kommandounternehmen und schränkte diese stark ein.
Von Beginn an entschied man sich beim SAS für die von vier Männern gebildeten Kampftrupps, so genannte *Patrols*, in denen jeder einzelne Soldat über

■ **Ein Geschenk vom englischen SAS *(Special Air Service)*. Die Darstellung erinnert an die Befreiungsaktion in der Princes Gate in London im Mai 1980. SAS-Soldaten befreiten damals in einer spektakulären Rettungsaktion die Geiseln aus der iranischen Botschaft.** *Foto: KSK*

Inspekteur des Heeres, General Willmann, im Verlauf der Übung »Schneller Adler« die schwarz gekleideten KSK-Soldaten in den rheinland-pfälzischen Standorten Mendig und Baumholder einer Schar von rund 150 Journalisten präsentierte. Man zeigte das, was sich in der Öffentlichkeit besonders gut darstellen lässt: Die Kommandosoldaten übten unter anderem die Einnahme eines Flugplatzes und befreiten zahlreiche Geiseln aus Terroristenhand.

Die effektive Pressearbeit der Hardthöhe verfehlte nicht die beabsichtigte Wirkung. Die meisten Journalisten vergaßen es, Fragen zu stellen, genossen hingegen entspannt die Hubschrauberflüge von einem »Event« zum anderen und gaben sich der Faszination hin, die die unterschiedlichen Varianten von Geiselbefreiungen erzeugten. Manche Zeitschriften füllten mit drahtigen, schwerbewaffneten Männern ihre Seiten. Eine titelte wenig originell »Schwarz wie die Nacht«. Aber auch so genannte »liberale« Zeitungen, tendenziell dem Militärischen eher kritisch gegenüberstehend, lobten das KSK als die richtige Antwort auf die Fragen, die eine krisenhafte Gegenwart aufwirft.

Wichtige Fragen wurden nur von wenigen Medienvertretern gestellt: Wie soll eine Bundeswehr am Spartropf die enormen Geldmittel für den Aufbau dieser Spezialeinheit aufbringen? Oder – vielleicht noch bedeutsamer – wie kann man junge Männer für den Dienst im KSK motivieren, obwohl man ihnen dafür nur wenig als Gegenleistung bietet? Und schließlich auch die kritische Frage nach der Funktion: Leistet sich Deutschland tatsächlich einen militärischen Spezialverband mit einer angepeilten Sollstärke von

eine unterschiedliche Spezialisierung verfügt: Neben dem Sprengstoff- steht ein Waffenexperte, die *Patrol* verfügt über einen gewieften Funker und einen erfahrenen Sanitäter. Auf der nächst höheren Gliederungsebene bilden mehrere Vierer-*Patrols* einen *Troop* (Zug). Die *Troops* verfügen jeweils über eine besondere Spezialisierung: so können die SAS-Teileinheiten in den verschiedensten Formen zu Lande, zu Wasser und aus der Luft eingesetzt werden.
Seine Effektivität stellte der britische Spezialverband, dessen »Mutterhaus« sich in Hereford befindet, in den mehr als 60 Jahren seines Bestehens häufig unter Beweis. In Malaya und Oman, in Borneo und Gambia kamen SAS-Männer zum Einsatz. Sie kämpften in Nordirland gegen die IRA und befreiten am 5. Mai 1980 in Londons Innenstadt vor laufenden Kameras Geiseln, die in der iranischen Botschaft festgehalten wurden. Sie kämpften im Falkland-Krieg, in den Golf-Kriegen und mehrfach in Afghanistan.
Viele Einsätze des SAS blieben geheim, offizielle Verlautbarungen über erlittene Verluste gibt es nicht, und es gibt auch – obwohl die Medien in Großbritannien eine große Rolle spielen – keine offizielle Pressearbeit des SAS. Dementsprechend zahlreich sind die Mythen und Legenden, die sich um diesen Verband ranken. Ein ehemaliger Kommandeur des SAS, Sir Peter de la Billière, veröffentlichte nach seiner aktiven Zeit ein Buch mit dem Titel *»Looking for Trouble«* (wörtlich: Auf der Suche nach Ärger). Oder auf gut Deutsch: Wo gehts zur Sache?
Soldaten aus Calw besuchten den SAS erstmals im Herbst 1996. Das KSK übernahm vom SAS wesentliche Elemente der Gliederung und verschiedene Einsatztaktiken.
Es besteht ein enges Verhältnis zwischen KSK und SAS. Dies mag daran liegen, dass sich die Engländer – anders als Angehörige mancher polizeilicher Spezialeinheiten –, sowohl durch einen ausgeprägten Humor als auch durch Robustheit auszeichnen. Leider gingen die anfangs guten Kontakte etwas zurück. Der Grund hierfür ist sicherlich auf der militärpolitischen und politischen Ebene zu suchen.
Wie wichtig das in England Erlebte war, beschreibt ein Offizier des KSK: »In Hereford, beim SAS, durchlebte ich das, was mich auf Dauer in meinem Denken und Handeln im Bereich Spezialkräfte positiv prägte«.
»Allerdings«, ergänzt ein Kamerad, »entwickelt das KSK seine eigene Identität, kopiert weder das Denken noch das Handeln anderer Spezialeinheiten dieser Welt«.

1000 Mann, um damit lediglich im Ausland gefangengehaltene deutsche Geiseln zu befreien?

Bei nüchterner Betrachtung hätte kaum verborgen bleiben können, dass die Aufstellung des KSK eine Folge eines Paradigmen-Wechsels war: Der Aufbau der Calwer Sondereinsatztruppe markiert den Wandel von der reinen Verteidigungs-Armee hin zu einer teilweise weltweit einsetzbaren Streitmacht, deren Einsatzgebiete gleichermaßen auf dem Balkan wie im Hindukusch liegen.

Mit der steigenden Bekanntheit waren aber nicht nur positive Entwicklungen verbunden. Das KSK wurde von den Medien intensiver beobachtet und tatsächliche oder vermeintliche Mängel und Fehlentwicklungen wurden angeprangert. Die Öffentlichkeit erfuhr von einer simulierten Sprengung eines Strommasten durch einen Kommandosoldaten, die von der Bevölkerung herbeigerufene Polizisten verhinderten. Andere Ereignisse waren weniger lustig. Ein bewaffneter Raub eines angehenden KSK-Soldaten sorgte für Schlagzeilen. Er hatte auf dem Gelände eines Truppenübungsplatzes mehrere Rekruten entwaffnet. Nach diesem Vorfall wurde der Soldat aus der Ausbildungseinheit des KSK und der Bundeswehr entlassen. Dem KSK schadeten auch Berichte, ein Angehöriger der Einheit habe während eines »Saufgelages rechtsradikale Parolen« gebrüllt. Erst einige Zeit später kam die Wahrheit ans Licht. Das Video, auf dem ein Mann den Arm angeblich zum »Hitlergruß« erhob, war geraume Zeit vor seiner Versetzung in das KSK entstanden. Obwohl der Soldat sowohl zivil- als auch strafrechtlich freigesprochen wurde, musste er das KSK verlassen. Vergleichbare rechtsextremistische Entgleisungen führen regelmäßig zur Entfernung des Soldaten aus der

■ Zur Ablenkung des Gegners werden bei einer Festnahme so genannte *Blend-Knall-Irritationskörper* gezündet. Sie detonieren mit ohrenbetäubendem Knall und erzeugen gleichzeitig einen grellen Lichtblitz. *Foto: KSK*

■ Während der Schock der Ablenkungsmaßnahme noch wirkt, werden die Gegner blitzschnell überwältigt. Nach dem Einsatz versorgen die Sanitäter des KSK verletzte Gegner ebenso wie eigene Kameraden. *Foto: KSK*

Truppe. Die Bundeswehr ist keinesfalls auf dem rechten Auge blind, wie ihr manche Kritiker gebetsmühlenartig vorwerfen.

Die Öffentlichkeit erfuhr nur wenig über die ersten Einsätze des KSK. Die berechtigten Geheimhaltungsinteressen der Truppe standen einer ausführlichen Presse- und Öffentlichkeitsarbeit entgegen. Erst nach und nach kamen einige Details über einen Einsatz in Bosnien ans Licht. Dort hatten deutsche KSKler im Juni 1998 zusammen mit französischen Kameraden einen Kriegsverbrecher festgenommen.

Über die Risiken der Einsätze erfuhren die deutschen Zeitungsleser erstmals im Oktober 2000. Im Nachrichtenmagazin *Focus* konnten sie lesen: »Janko Janjic war gefährlich. Der ehemalige Kfz-Mechaniker trug immer eine Handgranate in der Tasche und hatte geschworen, sich nie lebend gefangen nehmen zu lassen. An dieser Sitte aus Kriegszeiten hielt der frühere paramilitärische Kommandeur in der südbosnischen Serben-Hochburg Foca auch nach dem Krieg fest. Er hatte seine Gründe. Wegen Folter, Vergewaltigung und Versklavung bosnischer Frauen hatte das Haager Kriegsverbrechertribunal den 43-Jährigen angeklagt und zur Festnahme ausgeschrieben. Von der Handgranate, die Janjic bei jeder Gele-

■ **Ausgangsstellung des Vier-Mann-Trupps vor einer Tür im SAZ. Der »Türöffner« beginnt mit seiner Arbeit nach einem Handzeichen des Truppführers. Dann stürmen die Männer in den Raum. Derartige Zugriffe bilden einen wesentlichen Bestandteil in allen R-&-B-Szenarien. Um die Täter zu überraschen, werden häufig so genannte *Ablenkungsmaßnahmen* durchgeführt. Das kann ein Knallkörper sein, es gibt aber noch eine Vielzahl anderer Möglichkeiten. Nachdem die Männer den Raum betreten haben, müssen sie im Bruchteil einer Sekunde die Lage erfassen und dann die richtigen Entscheidungen treffen: Während ein Soldat den mit einer Pistole bewaffneten »Terroristen« bekämpft, suchen seine Kameraden das Treppenhaus nach Komplizen ab.**

genheit vorzeigte, müssen auch die vier deutschen Kommandosoldaten gewusst haben, die den Kriegsverbrecher am vergangenen Donnerstagabend [12.10. 2000, d. Verf.] um 23.50 Uhr im Haus seines Bruders festnehmen wollten. Mit einem Sprengsatz öffneten die Männer des ‚Kommandos Spezialkräfte' (KSK) aus dem badischen [sic!] Calw die Tür, dann stürmten sie hinein. Doch diesmal waren die Elitesoldaten nicht schnell genug: Janjic schaffte es, seine Handgranate zu zünden. Er selbst starb, die Männer des Greiftrupps wurden verletzt, zwei schwer. Was in den Sekunden des Zugriffs genau passierte, darüber schweigt die Bundeswehr – streng geheim.«

Das Grenzgebirge zwischen Afghanistan und Pakistan wurde im Herbst 2001 – wenige Wochen nach den Terroranschlägen auf das World Trade Center in New York und das Pentagon in Washington – zum Einsatzgebiet für die KSK-Soldaten. Deren militärischer Auftrag, den der

■ **Die US-Regierung sieht als den Drahtzieher der Anschläge auf das *World Trade Center* vom 11. September 2001 Usama Bin Laden. Man vermutet, er halte sich immer noch irgendwo in Afghanistan versteckt. An der Suche nach dem Staatsfeind Nr. 1 der USA beteiligen sich auch Soldaten des KSK. Eine Patrouille in Afghanistan während des Unternehmens »Enduring Freedom«.** *Foto: KSK*

Deutsche Bundestag am 16. November 2001 legitimierte, sah im Rahmen der Operation »Enduring Freedom« (zu Deutsch: »Dauerhafter Frieden«) vor, unter anderem amerikanische und britische Soldaten bei der Suche nach Usama Bin Laden und seinen Taliban-Terroristen zu unterstützen. Bevor die Parlamentarier vollendete Tatsachen schufen, hatten hochrangige Militärs, allen voran der damalige Vier-Sterne-General Dr. Klaus Reinhardt, Bedenken angemeldet. Der erfahrene Soldat, der im Oktober 1999 das KFOR-Kommando übernommen hatte, warnte im September 2001, das KSK sei in Afghanistan nicht sinnvoll einsetzbar; die Truppe sei noch zu klein und es mangele ihr an wichtigen Dingen, allen voran an weit reichenden Transportflugzeugen.

Trotz der Bedenken kam das Vorauskommando am 10. Dezember 2001 nach Oman, kurze Zeit später folgten weitere KSK-Soldaten. Im Wüstenstaat trainierten die 40 KSK-Männer und 60 Unterstützungskräfte mit Kameraden aus verschiedenen amerikanischen Spezialeinheiten. Seit Januar 2002 führten sie zahlreiche Einsätze in Afghanistan durch, meist Aufklärungsunternehmen unweit der Grenze zu Pakistan. Dort bewährten sich nicht nur die Männer, sondern auch ihre leistungsfähige Ausrüstung ermöglichte hervorragende Resultate. Für ihre Einsätze erhielten die Calwer von vielen Seiten Lob. Bevor sich deutsche Offizielle zu ihren Einsätzen äußerten, rühmten amerikanische Quellen die Deutschen für ihre Professionalität. Erst Anfang März 2002 ging der Bundesminister der Verteidigung, Rudolf Scharping, auf die Meldungen aus den USA ein und bestätigte, KSK-Teams seien seit Mitte Januar bei Gefechten in Ostafghanistan im Einsatz.

Einen besonders gefährlichen Auftrag mussten in Afghanistans Bergen die Soldaten der Fernspähkommandokompanie durchführen. Trotz bestmöglicher Tarnung wurden einige von ihnen entdeckt und vom Gegner beschossen. Die Deutschen blieben aber unverletzt.

Mit der steigenden Zahl eigener Opfer – das Nachrichtenmagazin *Focus* meldete, bis zum Juni 2002 seien im Verlauf der Operation »Enduring Freedom« 37 amerikanische Soldaten getötet worden – steigerten die Amerikaner die Intensität ihrer Angriffe. Über dem Schah-i-Kot-Tal – zwischen den Städten Shkin und Khost gelegen – luden

■ Freund oder Feind? Das ist auch hier die Frage. Bis zum November 2008 kamen beim ISAF-Einsatz in Afghanistan 30 Bundeswehr-Soldaten ums Leben. Die Bedrohung ist allgegenwärtig. Die Soldaten des KSK sind darauf trainiert, blitzschnell eine Veränderung der Lage zu erkennen und darauf angemessen zu reagieren. Ein erfahrener Ausbilder weiß: *»Für Gefahren kann man einen sechsten Sinn entwickeln. Eine gute Ausbildung zeichnet sich dadurch aus, dass sie einen Mittelweg zwischen der Automatisierung der Handlungen und der Förderung der Instinkte findet.«* Einige Psychologen bezeichnen dies als »Gefahrenradar«. *Foto: KSK*

■ Rudolf Scharping, geboren 1947, Studium der Politikwissenschaft, Soziologie und Rechtswissenschaft. Bundesminister der Verteidigung von 1998 bis 2002. *Foto: BMVg*

■ Dr. Peter Struck, geboren 1943, Jurist. Bundesminister der Verteidigung von 2002 bis 2005. *Foto: BMVg*

Fragen an General Hans-Christoph Ammon

Dr. Scholzen: „Es scheint so, dass es weltweit immer schwieriger wird, Soldaten für den Dienst in Spezialeinheiten zu gewinnen. Haben Sie eine Erklärung für diesen Trend?"

■ Die Ausbildung der KSK-Soldaten und ihre Einsätze sind außerordentlich anspruchsvoll. *Foto: KSK*

General Ammon: „Für das Kommando Spezialkräfte gilt, wie für alle Spezialkräfte, dass der Qualifikation der Soldaten eine hohe Priorität eingeräumt wird. Bestimmend hierfür sind die Aufträge des KSK. Kommandosoldaten müssen hohen physischen und psychischen Anforderungen standhalten. Es werden aber keine unmöglichen Leistungen von einem Soldaten der Spezialkräfte abverlangt. Charakterlich gefestigt, kann man durch eine gezielte Vorbereitung – hier unterstützt unser Personalwerbetrupp tatkräftig – die sportlichen Anforderungen meistern. Es gilt dennoch, nicht zu verheimlichen, dass die Messlatte, die als Eintrittskarte zum KSK übersprungen werden muss, sehr hoch hängt. So finden nicht alle Bewerber den Weg in das Kommando Spezialkräfte.

■ Die stimmungsvolle Aufnahme eines KSK-Soldaten in Afghanistan vermittelt einen Eindruck von den Möglichkeiten, die moderne Nachtsichttechnik eröffnet. *Foto: KSK*

■ Das KSK-Lager in Afghanistan befindet sich innerhalb des Areals der US-Spezialkräfte; dennoch ist der deutsche Bereich noch einmal gesondert mit Stacheldraht gesichert: Fremde müssen draußen bleiben! *Foto: KSK*

amerikanische B-52 Bomber zig Tonnen Bomben ab. Hochrangige deutsche Offiziere kritisierten diese Vorgehensweise, zum Teil auch öffentlich.

Mit der zunehmenden Dauer des Einsatzes wurden auch immer mehr Reporter zum Pressetermin nach Calw oder in den Hindukusch eingeladen. Im Frühherbst 2002 schrieb *Die Welt* über den Frust im KSK. Von »Unterforderung« berichtete ein Reporter und gab auch den Inhalt einer Besprechung des Verteidigungsministers mit KSK-Soldaten in Calw wider, die ihren obersten Dienstherrn bei diesem Anlass gebeten hätten, den Abzug der Einheit aus Asien zu prüfen. Die Hardthöhe bestätigte den Inhalt dieses Berichts nicht. Der Grund für das Schweigen der Ministerialen und den Stillstand in Afghanistan war allgemein bekannt: Amerikaner und Briten bereiteten im Herbst 2002 ihren Kriegszug gegen den Irak vor. Daher zogen sie ihre Spezialisten aus Afghanistan ab. Damit sank die Wirksamkeit des deutschen Einsatzes. Da aber ein Abzug des KSK aus Afghanistan die diplomatischen Verwerfungen zwischen Deutschland und den USA noch weiter vertieft hätte, mussten die Calwer ihre Stellungen im Gebirge halten.

Vor diesem Hintergrund konnte es nicht verwundern, dass deutsche Zeitungen am 3. November 2002 die Erweiterung des KSK-Auftrags in Afghanistan verkündeten. »Deutsche an vorderster Front«, so martialisch titelte die *Frankfurter Allgemeine Zeitung* am Sonntag. Verteidigungsminister Dr. Struck informierte die Zeitung, die KSK-Soldaten hätten sich »mit ihrem Einsatz und der hohen Professionalität die Anerkennung und den Respekt unserer Bündnispartner erworben.« »Mit diesem Engagement«, so Struck weiter, zeige Deutschland »seine Bereitschaft, umfassende militärische Verantwortung zu übernehmen«. Wichtige Worte angesichts der zu dieser Zeit aktuellen Diskussion über die Totalverweigerung Deutschlands im Krieg gegen den Irak.

Auch nach dem Ende des angloamerikanischen Kriegs gegen den Irak standen im Spätsommer 2003 immer noch KSK-Soldaten in Afghanistan, obwohl der Inspekteur des Heeres, Generalleutnant Gudera, die Fähigkeit des KSK wie folgt definierte: »Rein, Auftrag erledigen, wieder raus. Das ist der ideale Fall«.

Am 24. August 2003 zog der deutsche Verteidigungsminister in der *Welt am Sonntag* eine

Fragen an General Hans-Christoph Ammon

■ **Um die richtigen Männer für den Dienst im KSK zu gewinnen, geht die Bundeswehr auch neue Wege, wie das Kommandofeldwebelanwärtermodell.** *Foto: Bundeswehr/IMZBw*

Dr. Scholzen: »Um Nachwuchs für das KSK zu gewinnen, wurde im Herbst 2002 das Kommandofeldwebelanwärtermodell geschaffen. Hat sich diese Variante der Rekrutierung bewährt?«
General Ammon: »Das Kommandofeldwebelanwärtermodell ist ein gutes Instrument, um die jungen Soldaten auf das Eignungs-/Feststellungsverfahren und die Aufgaben im KSK vorzubereiten. Das Kommandoanwärtermodell wurde im Jahre 2002 eingeführt und trug zwei Jahre später – so lange dauerte die Ausbildung – erste Früchte. So kommt jedes Jahr ein Teil des Nachwuchses, der das Eignungs- und Feststellungsverfahren in Calw erfolgreich abschließt, aus diesem Modell. Noch erfolgreicher soll dieses Verfahren durch die eine oder andere Modifizierung werden. Dafür steht auch der neue Name »Kommandofeldwebelanwärtermodell«. Mit der Quote der erfolgreichen Bewerber sind wir zufrieden, möchten diese dennoch weiter anheben.«

■ **KSK-Soldaten gehen in Afghanistan an Bord eines Transport-Hubschraubers. Die Aufnahme vom »Beschuffeln« – die Soldaten schlurfen, damit die Maschine nicht unnötig in Bewegung gerät – wurde mittels einer Spezialkamera mit Nachtsichtobjektiv erstellt.** *Foto: KSK*

Zwischenbilanz des Engagements am Hindukusch. In seinen Überlegungen spielte das KSK eine zentrale Rolle. Struck betonte, die Bundeswehr müsse in mehreren Bereichen deutlich verstärkt werden: Im Bereich der ABC-Abwehrkräfte, der Kommunikation und bei den Spezialkräften, die im Kampf gegen den internationalen Terrorismus stehen. Das KSK solle daher weiter konsequent aufgebaut werden. Jedoch sprach er sich für einen Aufbau mit Bedacht aus; denn »dazu brauchen wir keine Rambos, sondern verantwortungsvolle Soldaten für schwierige Aufgaben, etwa zur Befreiung deutscher Staatsbürger.« In diesem Zusammenhang deutete der Minister auch an, dass die Bundeswehr an der Befreiung der Sahara-Geiseln einen nicht unerheblichen Anteil hatte: »Wir waren seit Ostern (2003) an der Operation in Algerien und zuletzt in Mali mit Kräften der Bundeswehr beteiligt.« Aus welchen Einheiten die Kräfte stammten, sagte der Verteidigungsminister nicht.

Ebenso gab das Verteidigungsministerium keinen Kommentar zu einem Bericht im *Spiegel*. Das Nachrichtenmagazin meldete Mitte Oktober 2003, das deutsche Kommando Spezialkräfte sei aus dem Einsatz in Afghanistan zurückgekehrt.

Am 7. November 2003 schließlich brach Bundesverteidigungsminister Dr. Struck vor dem Deutschen Bundestag sein Schweigen. Er erklärte: »Bis zum 15. September dieses Jahres waren Teile des Kommandos Spezialkräfte gegen versprengte Reste von Kämpfern der Al-Qaida-Organisation und der Taliban in Afghanistan eingesetzt. Wir haben während jeder Stunde der zurückliegenden zwölf Monate den Airbus A310 sowie die notwendigen Sanitätskräfte für die notfallmedizinische Evakuierung in Bereitschaft gehalten.«

Wege in das Kommando Spezialkräfte

Die Zahl der Männer, die sich der größtmöglichen Herausforderung stellen, die die Bundeswehr neben der Kampfschwimmerei bietet, blieb in den letzten Jahren nahezu unverändert. Zweimal im Jahr – im Frühjahr und im Herbst – reisen Kommandosoldaten in spe nach Calw. Am Eignungsfeststellungsverfahren (EFV) im Frühjahr 2001 beteiligten sich 31 Soldaten, zum Herbsttermin meldeten sich 44. Im März 2002 lud man 42 Bewerber in den Schwarzwald ein, im darauffolgenden September kamen 30. Am ersten Test im Jahr 2003 nahmen 34 Offiziere und Unteroffiziere teil.

Wer zum KSK möchte, muss sich bewerben. Dafür gibt es zwei unterschiedliche Wege. Soldaten müssen folgende Kriterien erfüllen.

- Bewerbungshöchstalter: 30 Jahre für Offiziere, 32 Jahre für Unteroffiziere mit Portepee (mindestens Feldwebel), 28 Jahre für Unteroffiziere ohne Portepee (Unter- und Stabsunteroffiziere). Bei Anwärtern, die die Altersgrenze geringfügig überschreiten, entscheidet der Kom-

■ Im Herbst 1997 zeigte das KSK in den rheinland-pfälzischen Bundeswehr-Standorten Mendig und Baumholder sein Können. Seither stehen die schwarzen Uniformen, die für Einsätze in bebautem Gebiet besonders geeignet sind, stellvertretend für diesen Spezialverband der Bundeswehr. Einen wichtigen Teil der Ausbildung bildet das »Retten & Befreien« von Zivilisten. Gerade von Bewerbern für den Dienst in Calw kann man häufig hören, dass sie in ihrer Dienstzeit etwas Besonderes vollbringen möchten.

Foto: Frank Weissert, www.kimme-korn.de

Das Kommandoanwärtermodell

ab 31. Monat	Nach bestandenem Feldwebellehrgang schließt sich für die Kommandofeldwebelanwärter die **zweijährige Ausbildung zum Kommandosoldaten an**.
ab 28. Monat	**Eignungsfeststellungsverfahren** (in Calw und Pfullendorf) Inhalt: Überleben und Durchschlagen unter extremer Belastung; Kommandogrundlagenausbildung; Überlebenslehrgang für spezialisierte Kräfte.
ab 25. Monat	**Feldwebellehrgang 3** Inhalt: Vertiefende Ausbildung zum Feldwebel mit Laufbahnprüfung
ab 22. Monat	**Sprachenausbildung** und Urlaub Inhalt: Sprachenausbildung an einer Unteroffizierschule des Heeres.
ab 19. Monat	**Feldwebellehrgang 2** (an der Luftlande-/Lufttransportschule in Altenstadt) Inhalt: Ausbildung zum Vorgesetzten im Dienstgrad Feldwebel.
ab 13. Monat	**Truppenpraktikum** Inhalt: Verwendung als Ausbilder in einer Grundausbildung, um erste Führungserfahrungen zu sammeln.
ab 10. Monat	**Feldwebelanwärterlehrgang** (in Pfullendorf und an der Infanterieschule in Hammelburg) Inhalt: Allgemeine Aufgaben als Vorgesetzter; Qualifikation zum Ausbilder in einer Grundausbildung; militärfachliche Ausbildung.
Einstieg nach neun Monaten	**Militärische Grundlagenausbildung** (im Ausbildungszentrum Spezielle Operationen in Pfullendorf und an der Luftlande-/ Lufttransportschule in Altenstadt) Inhalt: Allgemeine Grundausbildung, Aufbau- und Verwendungsausbildung mit Kraftfahrausbildung (Pkw, Lkw + Anhänger) und Fallschirmspringerlehrgang. Weiterführende militärische Grundausbildung (Vollausbildung)

Fragen an General Hans-Christoph Ammon

Dr. Scholzen: »Wie bedeutsam sind für Sie die individuellen soldatischen Fähigkeiten eines Kommandosoldaten in Relation zu seiner technischen Ausrüstung und der Einsatztaktik?«

General Ammon: »Der Erfolg in der Auftragsdurchführung wird immer bestimmt durch die Kombination aus modernster Technik, darauf abgestimmter Taktik und den individuellen Fertigkeiten der Soldaten. Die Fähigkeiten eines jeden Soldaten bilden hierfür die Basis. Sie alleine können die Vorteile überlegener Technik zwar nicht wettmachen, ergänzen sich aber mittelbar.«

■ **Von Beginn an setzte das KSK auf modernste Technik, eine darauf abgestimmte Taktik und die individuellen Fertigkeiten der Soldaten.**
Foto: Bundeswehr/IMZBw

mandeur des KSK über ihre Zulassung zum Auswahlverfahren.

- Bestandene Laufbahnprüfung zum Offizier oder zum Feldwebel. Oder erfolgreich absolvierte Laufbahnprüfung zum Unteroffizier und Eignung für die Ausbildung zum Feldwebel.
- Fallschirmsprungwilligkeit und Fallschirmsprungverwendungsfähigkeit.
- Für Unteroffiziere mit und ohne Portepee gilt, dass sie die laufbahnrechtlichen Voraussetzungen zur Weiterverpflichtung auf sechs Jahre erfüllen müssen. Auf den sechsjährigen Dienst im KSK wird die dreijährige Ausbildung zum Kommandosoldaten angerechnet. Offiziere müssen der Einheit vier Jahre zur Verfügung stehen (zwei Jahre Ausbildung und zwei Jahre Stehzeit).
- Eine höchstens drei Wochen alte Bescheinigung des Truppenarztes über die uneingeschränkte Verwendungsfähigkeit, die auch die Fallschirmsprungfähigkeit beinhaltet.
- Abgeschlossene – oder gleichzeitig mit der Bewerbung eingeleitete – einfache Sicherheitsüberprüfung (Ü 1).
- Körperliche Mindestleistungen: Mindestens 20 Punkte im *Physical Fitness Test* der Bundeswehr, dabei in keinem Teilbereich weniger als drei Punkte; mindestens fünf Klimmzüge im Ristgriff; 500 Meter Schwimmen in höchstens 15 Minuten; Überwinden der Hindernisbahn im Feldanzug mit Handschuhen und Gefechtshelm in höchstens 100 Sekunden; Sieben Kilometer Geländelauf mit 20 Kilogramm Gepäck in höchstens 52 Minuten.

Die zweite Möglichkeit, nach Calw zu kommen, stellt das »Kommandoanwärtermodell« dar. Am 1. Oktober 2002 begannen 30 Rekruten an der Internationalen Fernspähschule in Pfullendorf eine Ausbildung zum Kommandosoldaten. Die Voraussetzungen für ihre Einstellung sind ein Mindestalter von 17 und ein Höchstalter von 24 Jahren, die mittlere Reife oder ein Hauptschulabschluss mit abgeschlossener Berufsausbildung. Darüber hinaus müssen sie die deutsche Staatsangehörigkeit besitzen, ein makelloses polizeiliches Führungszeugnis nachweisen und sich durch eine demokratische Grundeinstellung auszeichnen. Ihre charakterliche, ihre geistige und körperliche Eignung überprüft man in mehreren Tests; die Fallschirmsprungtauglich- und Fallschirmsprungwilligkeit stellt eine weitere Grundvoraussetzung dar. Zu guter Letzt gehen die angehenden Feldwebel die Verpflichtung ein, für zwölf Jahre in der Bundeswehr zu dienen.

Das Auswahlverfahren

Post aus Calw. Der 21-jährige Soldat hält die Einladung zum Auswahlverfahren des KSK in den Händen. Damit ändert sich manches für den Stabsunteroffizier. Vieles, was bisher für ihn wichtig war, verliert an Bedeutung: Die Teilnahme am Test in Calw hat grundsätzlich Vorrang vor den dienstlichen Interessen des Truppenteils, in dem der Bewerber dient. Wer ins KSK will, muss seinen gesamten Lebensrhythmus umstellen. Bis zum ersten Abschnitt des Auswahlverfahrens, dem Block 1, stehen ihm noch zwölf Wochen Vorbereitungszeit zur Verfügung. Als Faustregel für den Erfolg kann gelten, dass er in diesem Zeitraum mindestens eine gesamte Woche, also 168 Stunden, für die größte Herausforderung trainieren muss, die die Bundeswehr bietet: Das Vorbereitungsprogramm sollte auf jeden Fall die Disziplinen Marschieren, Laufen, Krafttraining und darüber hinaus auch Klettern und Schwimmen beinhalten.

Psychologie

Bereits in der Planungsphase, seit Sommer 1995, waren Psychologen am Aufbau des KSK beteiligt. Zunächst führte man eine umfangreiche Literaturrecherche durch, las alles, was zum Thema Spezialeinheiten und Psychologie bis zu diesem Zeitpunkt von Fachkollegen geschrieben worden war. Man informierte sich aber auch in mehreren Spezialverbänden über die dort von Psychologen geleistete Arbeit. Daher standen in den folgenden Wochen Dienstreisen zur GSG 9, einigen Spezialeinsatzkommandos der Polizeien der Länder und zu Sonderverbänden befreundeter Armeen auf dem Dienstplan. Ein Ziel dieser Bemühungen sollte es sein, in möglichst kurzer Zeit ein psychologisches Anforderungsprofil für die Kommandosoldaten zu entwickeln. Das Ergebnis war ein 32 Eignungsmerkmale umfassender Katalog, bestehend aus 18 Fähigkeitsdimensionen (zum Beispiel: Rechenfertigkeit, sprachliches Vermögen, Informationsverarbeitung und Wahrnehmung) und 14 Persönlichkeitseigenschaften (unter anderem: Zuverlässigkeit, Belastbarkeit, Verschwiegenheit, geistige Beweglichkeit, Lernbereitschaft, Teamfähigkeit und soziale Kompetenz).

Die Erfassung der Fähigkeiten der KSK-Kandidaten gestaltete sich unproblematisch – etwa durch Verfahren, die deren Hörsensibilität oder Reaktionsfähigkeit überprüfen. Sehr viel aufwändiger war es hingegen, die Verhaltensstile und die Persönlichkeitseigenschaften eines Bewerbers zu erfassen. Innerhalb kurzer Zeit – bis Ende 1995 – entwickelten die beteiligten Psychologen eine Testbatterie.

Die Kandidaten durchlaufen zunächst ein psychologisches »*Assesmentcenter*«, also einen Einstufungstest, der auch bei Bewerbungen im zivilen Bereich häufig Verwendung findet. Dem folgt ein verkürzter Intelligenztest, in dem formal-logisches, rechnerisches und sprachliches Vermögen unter die Lupe genommen wird. Daran schließen sich Gruppendiskussionen, Plan- und Rollenspiele an. Darüber hinaus bewältigen die Bewerber für den Dienst im Kommando Spezialkräfte eine Vielzahl von Prüfungsarbeiten am Computer und müssen einige Fragebögen ausfüllen, in denen sie unter anderem zu ihrem beruflichen Werdegang, ihren Steckenpferden und zu ihrer Selbsteinschätzung befragt werden. Den Abschluss der psychologischen Tests, die eine Woche Zeit in Anspruch nehmen, bildet ein etwa einstündiges Gespräch mit einem der beiden Psychologen.

Danach gibt der psychologische Dienst den Bewerbern eine Rückmeldung. Man weist sie auf festgestellte Mängel hin und gibt Ratschläge für den weiteren Verlauf des Auswahlverfahrens. Danach kehren die Soldaten zurück in ihre Einheit, um dann zur Durchschlageübung wieder nach Calw zu kommen. In diesem Teil des Auswahlverfahrens bemühen sich die Ausbilder, den Kandidaten die Grenzen ihrer physischen und psychischen Leistungsfähigkeit aufzuzeigen. Dabei beobachten die Psychologen die Bewerber – achten besonders auf deren Verhalten in der Gruppe – und führen zwei Tests durch, in denen unter anderem die Gedächtnisleistung überprüft wird. Am Ende des Auswahltests steht die Beobachterkonferenz, bestehend aus dem Kommandeur,

Dann folgen drei Wochen Calw. Psychologen durchleuchten die Seele der jungen Männer, ergründen ihre Stärken und Schwächen, testen ihre Widerstandskräfte gegen alle möglichen Formen von Stress. Parallel dazu läuft ein Sporttest, an dem nicht wenige scheitern. Kaum Probleme bereitet der Sprung vom Turm, an dem ein Fallschirmsprung simuliert wird. In den vergangenen Jahren gab es nur einen Bewerber, den angesichts der Höhe der Mut verließ. Wer alle Tests bewältigt, durchläuft eine einwöchige Ausbildung, in der er auf die nächsten Bestandteile des EFV vorbereitet wird. Dazu gehören unter anderem der Umgang mit dem Kompass, das Klettern im Gebirge und der Bau von Unterständen. Und man bringt ihm bei, wie er sich im Fall einer Gefangenschaft verhalten soll.

Danach gehen die Bewerber für drei Monate in ihre Stammeinheit zurück. Die Zeit nutzen sie, um ihre körperliche Leistungsfähigkeit bestmöglich zu steigern. Denn im darauffolgenden März oder September entscheidet sich für sie innerhalb von fünf Tagen alles. Im Block 2 des Eignungsfeststellungsverfahrens erwartet die Bewerber die höchste Hürde: Eine Woche »Überleben und Durchschlagen unter extremen Belastungen«.

■ **Die Bewerber für das KSK durchlaufen alle die gleichen psychologischen Tests. Dabei werden unter anderem 18 Fähigkeiten abgeprüft. Dazu gehören: Rechenfertigkeit, sprachliches Vermögen und Informationsverarbeitung.**

dem Leiter des Ausbildungszentrums und dem leitenden Psychologen. Dieses Gremium fällt die Entscheidung über Aufnahme oder Ablehnung. Fast immer werden die Entscheidungen einstimmig getroffen.

Die Psychologen arbeiteten die Merkmale heraus, über die ein KSK-Soldat verfügen sollte. Er muss körperlich fit und den besonderen Ereignissen gewachsen sein, die ihn in dieser Verwendung erwarten. Dazu benötigt er zum Beispiel eine hohe Frustrationstoleranz, denn zu seinem Beruf gehört die Fähigkeit, längere Zeit in einer »sehr reizarmen Umgebung« verbringen. Also zum Beispiel in einer vegetationsarmen Gegend tagelang nur die Umgebung zu beobachten. Er sollte mit Stress gut umgehen können, eine hohe Leidensfähigkeit besitzen und bis an seine Grenzen gehen können. Er sollte aber auch genau wissen, wo diese liegen und nicht über diese hinausgehen. KSK-Soldaten sollten leistungsorientiert und belastbar sein. Wer vor diesem Hintergrund geklonte Kämpfer erwartet, liegt falsch: KSK-Männer tragen zwar Uniform, besitzen aber kein einförmiges psychologisches Profil. Unter ihnen gibt es sowohl Extrovertierte, die in der Schule die Rolle des Klassenclowns spielten, als auch Introvertierte, die nichts mehr lieben als das Leben in der Natur. Es gibt die absoluten Mannschaftsspieler, aber auch Soldaten, die ganz gerne alleine bleiben. In jedem Fall müssen die Männer dazu fähig sein, in einer Gruppe zu leben. Dies bedeutet aber nicht, dass alle mitgehen müssen, wenn einige Kameraden abends um die Häuser – und in die Häuser – ziehen. Das individuelle Verhalten der Bewerber beobachten während des Eignungstests sowohl die Instrukoren des Ausbildungs- und Versuchszentrums (AVZ) als auch die Psychologen, die die Prüflinge begleiten: Hilft der Bewerber einem Kameraden? Stellt er sich in den Dienst seiner Gruppe oder versucht er, seine eigenen Kräfte zu schonen?

Es gibt kein Idealbild des KSK-Soldaten. Auf der anderen Seite gibt es auch nicht die Aussage, die automatisch zur Ablehnung eines Bewerbers führt. Entscheidend ist das Gesamtbild des Kandidaten. Seine Motivation sollte nicht übersteigert sein, er sollte sich nicht zu heroische Vorstellungen von seiner Zukunft machen. Rambo-Typen sind nicht gefragt; denn diese stellen häufig eine Gefahr für die anderen in der Gruppe dar. Misstrauisch beobachten die Psycholgen auch solche Bewerber, die demonstrieren, sie seien besonders harte Typen, die sich in der KSK-Ausbildung den letzten Schliff holen wollen. Problematisch ist es auch, wenn der angehende Kommandosoldat nicht über ein intaktes soziales Netz verfügt, oder zum Beispiel seiner Lebensgefährtin nichts von seiner Bewerbung erzählt hat. Das KSK sucht den »stillen Profi«. Ideal wäre der Familienvater mit Kindern, »aber das ist eher schwierig«, schränkt der Psychologe ein.
Zwischen Theorie und Praxis klafft eine Lücke: Leistungsorientierte Menschen, erfolgsgewohnte Sportlernaturen, die die Mehrheit der KSK-Soldaten ausmachen, möchten sich in ihren Erfolgen sonnen. Geheimhaltungsnotwendigkeiten schieben diesem Wunsch einen Riegel vor. Diese Problematik belastet auch die Lebenspartner, die – so die Theorie – eigentlich auch nichts über die Einsätze des Mannes oder Freundes wissen dürften. Viele bauen ein Gerüst von Legenden auf, um im Freundeskreis die häufige Abwesenheit des Partners zu erklären. Dass dieser als »Fallschirmjäger« viele Lehrgänge im Ausland absolvieren muss, ist eine Standardantwort, die Neugierige erhalten.
Die KSK-Psychologen bieten auch den Familienangehörigen ihre Hilfe an, wenn diese das wünschen. Aber Wege aus der Angst um den Partner sind schwierig. Im Sammelband »Psychologie für Einsatz und Notfall« versucht der leitende KSK-Psychologe, den Daheimgebliebenen Ratschläge zu geben, wie sie mit der Abwesenheit ihrer Männer und Freunde umgehen. Sie sollten die Hilfen des Dienstherrn annehmen, die für Angehörige zusammengestellt werden, rät er und fährt fort: »Hierzu gehören natürlich die Angebote der evangelischen und katholischen Militärseelsorge, der Sozialdienste, des Bundeswehrsozialwerks und regionaler Anbieter, die genutzt werden können. ... Zu denken ist da etwa auch an gemeinsame Sportveranstaltungen wie Volleyball, Selbstverteidigung, Fitnessprogramme, Kletterkurse, Fahrtraining oder Kurse zur Entspannung wie Yoga, Sauna, Meditation oder einfach Gesprächsführung und Kommunikation.«
Wenige Zeilen später gibt er Hinweise »Für den Einsatz«. Der KSK-Soldat soll seine Lebensverhältnisse ordnen. Und er fährt fort: »Versicherungen sind abgeschlossen, der Partner hat Vollmacht und Zugriff auf gemeinsame Konten und Verträge, er kann im Notfall auch alleine entscheiden. Es wurde über den Fall der Fälle gesprochen, dass der Einsatz auch Invalidität oder tödliche Verletzungen zur Folge haben kann. Das Testament ist gemacht. Die Betreuung der zu Hause Gebliebenen ist organisiert und bekannt. Die Personen sind den Beteiligten im Idealfall vertraut und echte Gesprächspartner.«

Typen und Ideale

Einhundertzweiundneunzig Zentimeter groß, siebenundachtzig Kilogramm schwer, Oberfeldwebel, seit fünf Jahren bei der Bundeswehr, Fallschirmjäger. Wird für diesen Mann der Traum in Erfüllung gehen? Oder meistert sein Kamerad, ein 25-jähriger Gebirgsjäger, das Eignungsfeststellungsverfahren des KSK? Oder schafft es der zähe Stabsunteroffizier aus Sachsen, der seit vier Jahren Soldat ist?

Für ihre Groß- und Urgroßväter fielen die wichtigsten Entscheidungen für ihr Soldatenleben bei der Musterung. Körpergröße und Gewicht, Beruf und Schulbildung, Seh- und Hörvermögen entschieden über ihre spätere Verwendung in der Truppe. Aus Maurern machte der Kommiss Pioniere; Bergleute kamen in ein U-Boot; kleine Männer steckte man in einen Panzer und Großgewachsene erhielten häufig – zunächst freiwillig, später gezwungenermaßen – die Einberufung zur Waffen-SS. Zu Kaisers Zeiten kamen Jäger und Forstleute vor allem zu den Jägerbataillonen, für Bauern aus der Eifel oder aus Pommern war eine Karriere als Grenadier, Infanterist oder Artillerist vorgezeichnet. Aus Gebirgs- und Mittelgebirgs-

So viel Training muss schon sein

Für den ersten und zweiten Abschnitt des *Eignungs-Feststellungs-Verfahrens (EFV)* gibt das KSK jedem Bewerber ein detailliertes Trainingsprogramm an die Hand. Es würde zu weit führen, dies hier vollständig abzudrucken. In den zwölf Wochen, die den Soldaten für die Vorbereitung auf den zweiten Teil des EFV zur Verfügung stehen, empfiehlt das KSK folgende körperliche Ertüchtigung pro Tag und Woche:

Montag 30 Minuten Zirkeltraining, anschließend 40 bis 60 Minuten Grundlagen-Ausdauertraining. Dabei soll der durchschnittliche Pulsschlag bei 180 Schlägen pro Minute minus dem jeweiligen Lebensalter liegen.

Dienstag 10 bis 15 km Gepäckmarsch oder wöchentlich im Wechsel 5 bis 8 km Gepäcklauf.

Mittwoch 120 Minuten Lauf-ABC, anschließend in der 1. bis 4. Woche 60 Minuten Grundlagen-Ausdauertraining. In der 5. bis 8. Woche 60 Minuten Tempowechsellauf.

Donnerstag 30 Minuten Zirkeltraining, anschließend 60 Minuten Sportspiele oder Hindernisturnen oder Schwimmen.

Freitag 15 bis 30 km Gepäckmarsch.

Am Wochenende Freizeitsportarten

gegenden rekrutierte die Wehrmacht das Gros der Gebirgstruppe.

Als man in der im Jahr 1956 gegründeten Bundeswehr damit begann, in die Rekrutierung der Soldaten auch andere Auswahlkriterien einfließen zu lassen – wozu bald psychologische Tests zählten – nahmen die einfachen Antworten auf einfache Fragen deutlich ab: Ein gutes Gehör kann ein wichtiges Kriterium für einen Fernmelder sein, muss es aber nicht. Und jemand, der überdurchschnittlich sieht, ist deshalb noch lange kein guter Panzergrenadier oder Jäger. Ein junger Mann mit einem ausgeprägten räumlichen Vorstellungsvermögen muss kein schlechter U-Boot-Fahrer sein und ein mathematisch Begabter ist nicht von vornherein für den Dienst als Artillerist besonders geeignet.

■ **In der Anfangszeit des KSK besaßen Fallschirmjäger die besten Chancen, in die neue Truppe aufgenommen zu werden. Sie brachten viele der Eigenschaften mit, die von einem Kommandosoldaten gefordert wurden.** *Foto: BMVg*

Fragen an General Hans-Christoph Ammon

Dr. Scholzen: »Gibt es in Ihren Augen ein Vorbild, an dem sich das KSK orientieren kann?«
General Ammon: »Das Kommando Spezialkräfte orientiert sich an Spezialkräften befreundeter Nationen. Es werden aber keine Vorbilder kopiert, sondern in gegenseitiger Unterstützung und Zusammenarbeit bewährte Elemente auch in die Ausbildung integriert. Daher bestehen zahlreiche Informations- und Kommunikationsbeziehungen zu internationalen Spezialkräften.«

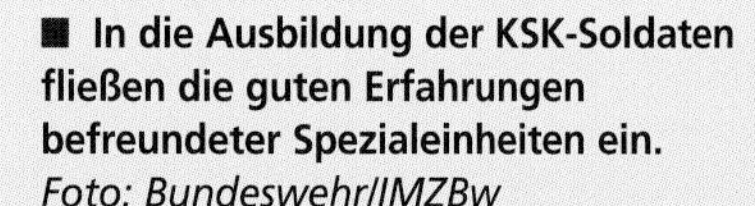

■ **In die Ausbildung der KSK-Soldaten fließen die guten Erfahrungen befreundeter Spezialeinheiten ein.**
Foto: Bundeswehr/IMZBw

Noch sehr viel schwieriger fällt es, die für den Dienst im KSK am besten geeigneten Soldaten herauszufiltern. Denn in Calw ist nicht der Spezialist in einem Bereich gefragt, sondern ein möglichst vielseitig begabter Universalist. Von Beginn an galt die Erkenntnis, dass man die Erfolgsaussichten der Bewerber für das KSK nicht mit Hilfe vorgefertigter Schablonen – man könnte auch Vorurteile sagen – bestimmen kann. Daher nahm man keine Beschränkung auf bestimmte Truppenteile vor und verzichtete völlig auf ehemals so beliebte Kriterien wie Körpergröße oder Gewicht.

Aufgrund ihrer Ausbildung hatten Fallschirmjäger und Fernspäher in den ersten Jahren deutlich bessere Chancen, Kommandosoldat zu werden, als Kameraden aus anderen Truppen- oder Waffengattungen. Viele Männer kamen aus den in den frühen 90er-Jahren aufgestellten Fallschirmjägerkompanien B 1. So schafften allein 1996 fünf Soldaten aus einer Fallschirmjägerkompanie den Sprung nach Calw. Es hätten noch mehr sein können, wissen die Eingeweihten. Aber damals standen manchen Befähigten noch Laufbahnbestimmungen im Weg: Einige hochspezialisierte Soldaten durften am Eignungsfeststellungsverfahren des KSK nicht teilnehmen, weil sie »nur« Mannschaften waren. Aus diesen Erfahrungen zog man in der Zwischenzeit die richtigen Lehren, wie das Kommando-Anwärtermodell zeigt.

Eine Statistik, die die Personalwerber aus Calw für die insgesamt vier Auswahlverfahren der Jahre 2001 und 2002 zusammenstellten, erfasst 147 Anwärter, die 29 Truppenteilen entstammten. Es bewarben sich Kraftfahrer und Sanitätssoldaten, Jäger und Panzergrenadiere, Angehörige der Marine und der Luftwaffe. Fallschirmjäger, Gebirgsjäger und Kampfschwimmer wollten das härteste Auswahlverfahren der Bundeswehr meistern. Nur 36 Mann – das entspricht 24,5 Prozent – bestanden das EFV, die restlichen gaben zum Teil am ersten Tag, manche erst unmittelbar vor Schluss der Strapazen auf.

Teilnehmer der EFV 2001 und 2002

Truppenteil	Teilnehmer	Bestanden	Erfolgsquote
Gebirgsjäger	6	4	66,6%
Bundeswehruniversität	6	4	66,6%
Waffentaucher	3	2	66,6%
Fallschirmjäger	10	6	60%
Fernmelder	8	3	37,5%
Marine*	11	4	36,4%
Panzer	3	1	33%
Fernspäher	4	1	25%
KSK intern**	12	3	25%
Pioniere	8	2	25%
Luftwaffe	12	2	16,6%
Flugabwehrraketentruppe	7	1	14,3%
Panzeraufklärer	6	1	16,6%
Panzergrenadiere	9	1	11,1%
Jäger	11	1	9,1%
Sonstige	21	0	0,0%

* Außer Waffentaucher

** KSK-Unterstützungskräfte, die Kommandosoldaten werden wollen

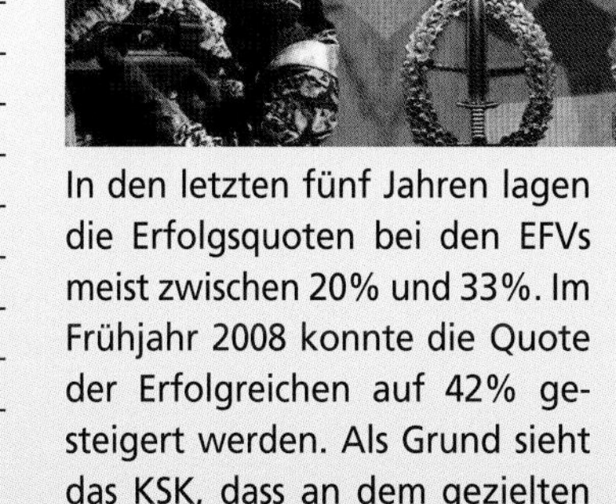

In den letzten fünf Jahren lagen die Erfolgsquoten bei den EFVs meist zwischen 20% und 33%. Im Frühjahr 2008 konnte die Quote der Erfolgreichen auf 42% gesteigert werden. Als Grund sieht das KSK, dass an dem gezielten Vorbereitungsprogramm auch KSK-Sportlehrer beteiligt waren.

Mit Statistiken kann man bekanntlich – wenn man das möchte – alles beweisen, ebenso auch alles widerlegen. Sollte man etwa den Umstand, dass vier Sanitätssoldaten am Test teilnahmen und keiner ihn erfolgreich abschloss, so deuten, dass »Sanis« für das KSK ungeeignet sind? Diese Schlussfolgerung ist ebenso falsch wie die Annahme, dass eine vorherige Tätigkeit in der Instandsetzung einen Erfolg beim KSK unmöglich macht, obwohl sich sieben »Inst«-Soldaten des Heeres vergeblich um eine Aufnahme in das KSK bemühten und auch ein Luftwaffen-«Instler« sich ohne den erhofften Lohn durch den Schwarzwald plagte. Ein Reservist bestritt den Test und schaffte die Aufnahme ins KSK ebenfalls nicht. Statistisch kann man das so ausdrücken: 100 Prozent der Reservisten, Sanitäter und Inst-Soldaten sind für das KSK nicht geeignet.

Aber auch am anderen Ende der Skala lauern Fehlinterpretationen: Sechs Bewerber kamen von den Hochschulen der Bundeswehr in München und Hamburg. Vier von ihnen bestanden das EFV. Sind demnach angehende Akademiker besonders gut für den Dienst im KSK geeignet? Andere Ergebnisse werden manchen Leser nicht überraschen: In den Jahren 2001 und 2002 bewarben sich insgesamt sechs Gebirgsjäger und vier bestanden den KSK-Test: Erfolgsquote demnach 66,6 Prozent. Das gleiche prozentuale Ergebnis erzielten die drei Waffentaucher. Ein ähnlich gutes Resultat erreichten die zehn Fallschirmjäger, die sich in Calw bewarben: Sechs von ihnen begannen die Ausbildung zum Kommandosoldaten. Und wie schnitten die Fernmelder ab? Acht bewarben sich, drei bestanden die Prüfungen: Erfolgsquote 37,5 Prozent. Waren die Pioniere besser? Nein. Nur zwei von acht Bewerbern hielten durch. Schnitten die Angehörigen der Jägertruppe besser ab? Nein: Von elf Kandidaten schaffte es nur einer. Anders sah es bei den elf Marinesoldaten (ohne Kampfschwimmer) aus: Vier erreichten ihr Ziel. Offensichtlich stellen intime Kenntnisse über das Auswahlverfahren keine Erfolgsgarantie dar. Zwölf in Calw stationierte

■ Für viele Kandidaten stellen die modernen Waffen des KSK einen Grund dar, sich in Calw zu bewerben: Die MP 7 von Heckler & Koch, eine Maschinenpistole für Patronen 4,6 mm x 30. Die Waffe kann, je nach Bedarf, mit unterschiedlichen Zieleinrichtungen versehen werden. Das Leuchtpunktvisier erzeugt einen roten Punkt, der in das Zielbild eingespiegelt wird. Je nach Fabrikat passt sich die Helligkeit automatisch oder manuell der Umgebung an.

Soldaten wollten Kommandosoldaten werden, nur vier von ihnen – 25 Prozent – kamen ihrem Ziel ein deutliches Stück näher, weil sie das EFV erfolgreich beendeten. Groß oder klein, kräftig gebaut oder schlank, Offizier oder Unteroffizier – diese Merkmale entscheiden nicht über Erfolg oder Misserfolg. Ein wichtiges Kriterium scheint die Zeit zu sein, die sie für ihre Vorbereitung auf das EFV zur Verfügung haben. Mit der Trainingsintensität steigen die Erfolgsaussichten.

Um weitere Erfolgskriterien herauszufinden, muss die Motivation der Kandidaten näher betrachtet werden.

»In einer professionellen Einheit arbeiten« – Motive der Teilnehmer

Im Verlauf des Eignungstests gehen die Psychologen auch den Motiven der Bewerber auf den Grund. In einem im Jahr 2001 veröffentlichten Aufsatz stellte der leitende KSK-Psychologe Günter R. Kreim diese zusammen. Leider gab er dem Leser keine Hinweise auf die Art und Weise, wie die Motivation erfasst und diese Tabelle erstellt wurde.

■ Die MP 7 wiegt mit gefülltem 40-Schuss-Magazin nur 2 kg. Die maximale Einsatzentfernung gibt der Hersteller mit 200 m an. Deutlich zeigt sich ein Vorteil des Leuchtpunkt-Zielgeräts: Während der Schütze zielt, kann er mit dem anderen Auge wahrnehmen, was um ihn herum geschieht. Ein wichtiger Vorteil in unübersichtlichen Einsatzsituationen. Die theoretische Feuergeschwindigkeit der Waffe erreicht 950 Schuss in der Minute. Der Rückstoß der Munition liegt um etwa 50 Prozent unter der Patrone 9 mm x 19 (9 mm Parabellum), dem Kurzwaffen-Klassiker.

Bewerbungsgründe:

Freude am Beruf durch neue und sinnvolle Aufträge	25 %
Interessante Ausbildung mit modernsten Waffen	18 %
Soldat aus Überzeugung, Traumverwendung	17%
Mit Profis zusammenarbeiten	12%
Herausforderung	6%
Beitrag zur Friedenssicherung	5%
Fitness	5%
Kameradschaft	4%
Abenteuer	3%
Helfen wollen	1%
Andere Angaben	4%

Eine faustdicke Überraschung. Der kritische Betrachter stutzt. Möchte kein KSK-Aspirant einer Eliteeinheit angehören? Gibt es niemanden, für den eine notorische Unterforderung in seiner bisherigen Dienstzeit das Motiv darstellte, sich in Calw zu bewerben? Und hegte tatsächlich kein

■ **MP 5 KA4. Die nur 32 cm lange Maschinenpistole verfügt unterhalb des Laufs über einen zweiten Griff. Dies macht sie noch führiger, erhöht aber das Risiko, mit einem Finger der linken Hand vor die Mündung abzurutschen. Dies soll ein kurzer Stutzen verhindern. Je nach Magazin stehen dem Schützen 15 oder 30 Patronen 9 mm Parabellum zur Verfügung. Der Wahlschalter gibt die Möglichkeit, sie als Einzelschuss, Dreier-Salve oder im Dauerfeuer zu verschießen.**

einziger Kandidat die Hoffnung, durch seinen Dienst in der Graf-Zeppelin-Kaserne Karriere zu machen oder Berufssoldat werden zu können?

Ist der Standort Calw demnach der Magnet für uneigennützige Idealisten, eine Stadt im Schwarzwald, in der die häufig beklagten Mechanismen einer postmodernen Gesellschaft offensichtlich außer Kraft gesetzt sind und Gemeinwohl immer noch vor Eigennutz geht?

Da es nicht möglich war, mit jedem der 34 Anwärter des Frühjahrs 2003 ein Gespräch zu führen, verteilte ich an jeden einen Fragebogen. Neben ihrem Alter und dem Bundesland, in dem sie geboren wurden, bat ich sie, Dienstgrad, Einheit und das Jahr, in dem sie in die Bundeswehr eintraten, zu nennen. Darüber hinaus fragte ich die Soldaten, wie sie sich auf die Eignungsfeststellung vorbereiteten. Außerdem wollte ich von ihnen die Gründe, ihre Hoffnungen und Wünsche erfahren, die sie mit dieser Bewerbung verbanden. Zuletzt interessierte mich noch, wie die Kandidaten die Bedeutung militärischer

■ G 36 mit aufgesetztem Schalldämpfer: Das von Heckler & Koch konstruierte Sturmgewehr verschießt Patronen 5,56 mm x 45. Je nach Klimazone, in der die Waffe verwendet wird, erhält sie eine unterschiedliche Tarnung.

■ Die an der P 8 angebrachte Lampe bringt nicht nur Licht ins Dunkel, sondern blendet auch angestrahlte Gegner.

■ Blick in die Mündung des G 36 mit 40 mm Granatwerfer.

■ Mit einem Granatwerfer 40 mm wird aus dem G 36 das AG 36. Dabei steht das Kürzel AG für *Anbau-Granat-Abschussgerät.* Die Bezeichnung klingt sperrig, die Waffe ist es nicht. Der Granatwerfer wiegt nur anderthalb Kilo.

■ Zum Laden wird das Rohr des Granatwerfers nach links ausgeschwenkt. Dies bietet mehrere Vorteile: Es lassen sich Granaten unterschiedlicher Länge verschießen und der Schütze kann auch beim Ladevorgang im Ziel bleiben.

■ **Der 40-mm-Granatwerfer unter dem G 36 lässt sich mit unterschiedlicher Munition bestücken. Mit der Standard-Munition bringt er bis auf etwa 350 m die Wirkung einer Handgranate ins Ziel. Man beachte das fliegende Geschoss.** *Foto: KSK*

Spezialkräfte in der Zukunft einschätzen. Die Befragung erfolgte anonym und die Bewerber wurden vom Leiter der Personalwerbung ausdrücklich darauf hingewiesen, dass das Ausfüllen dieses Fragebogens nicht im Zusammenhang mit ihrem Auswahlverfahren stand, sondern die Antworten in einem Buch über das KSK verwendet werden sollten.

Von den 32 KSK-Anwärtern, die den Fragebogen ausfüllten, kamen 13 aus Mitteldeutschland, darunter fünf aus Sachsen-Anhalt. Damit waren sie – gemessen an der Bevölkerungszahl – deutlich überrepräsentiert. Jeweils vier Kandidaten erblickten in Bayern und Baden-Württemberg das Licht der Welt. Ein Interessent kam vor einigen Jahren aus der ehemaligen UdSSR nach Deutschland.

Das Alter der Bewerber lag zwischen 21 und 37 Jahren. Ihr durchschnittliches Lebensalter betrug 26,3 Jahre. Im Mittelwert gehörten sie 70 Monate der Bundeswehr an. Man kann sie somit mit gutem Gewissen als erfahrene Soldaten bezeichnen.

Das Tätigkeitsabzeichen des KSK

Das Verbandsabzeichen des KSK besteht aus drei Elementen: Drei Tannen symbolisieren den Schwarzwald, drei Fallschirme stehen – auch angelehnt an das Abzeichen der Luftlandebrigade 25, die bis 1996 in Calw stationiert war – für die besondere Mobilität, und der nach oben gerichtete Pfeil ist ein unter anderem bei US-Spezialeinheiten gebräuchliches Symbol für militärische Sondereinsatzkräfte. Im Übrigen war eine nach unten gerichtete, am Fallschirm hängende Pfeilspitze schon Bestandteil des Wappens der alten 1. Luftlandedivision der Bundeswehr gewesen.

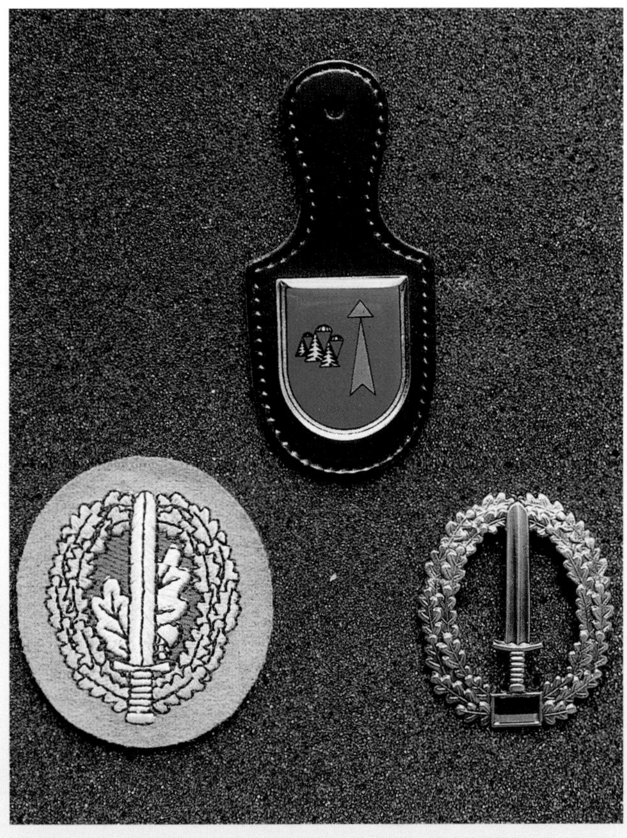

■ Die Abzeichen des KSK: Das Verbandsabzeichen (oben), das Kommandoabzeichen (unten links) und das Barettemblem (unten rechts).

Den Soldaten des KSK genehmigte Bundespräsident Rau im Jahr 2000 das Tragen zweier Sonderabzeichen. Alle in Calw stationierten Soldaten tragen an ihrem bordeauxroten Barett das metallene Kommando-Schwert, mit einer leicht zur Klinge hinaufgebogenen Parierstange. Die Entstehungsgeschichte dieses Abzeichens mutet kurios an. Der erste Kommandeur des KSK, General Schulz, gab den Männern der ersten Stunde den Auftrag, für die Einheit ein Symbol zu entwerfen. Zwei Vorschläge kamen in die engere Wahl, aber der Kommandeur war damit noch nicht zufrieden. Da brach ein Feldwebel aus dem Abzeichen der Heeresflieger – einem Schwert mit Schwingen – die Flügel heraus. Übrig blieb das von Eichenlaub umkränzte Schwert.

Der elitäre Kreis der Kommandosoldaten trägt auf der linken Brusttasche ein Stoffabzeichen. Auf hellgrüner Unterlage ist senkrecht das silberfarbene Schwert auf zwei ebenfalls silbernen Blättern einer Eiche und einer Eichel dargestellt, umkränzt von zwei Reihen goldfarbenen Eichenlaubs. Als Begründung für die Genehmigung zum Tragen dieses Abzeichens gab Bundespräsident Rau an, es solle ein sichtbares Zeichen dafür sein, dass sein Träger höchste physische und psychische Leistungen erbracht und seine besondere Befähigung als Soldat im KSK unter Beweis gestellt hat.

Bis die Kommandosoldaten das Abzeichen tatsächlich tragen dürfen, ist es ein weiter Weg. Erst nach der Kommando-Spezialausbildung und der anschließenden ATN wird es ihnen im Rahmen einer kleinen Feierstunde verliehen. Die Kommandozulage in Höhe von aktuell 963 Euro brutto erhalten die Soldaten bereits während der Ausbildung.

Ein offizielles Motto besitzt das KSK nicht, aber man kann immer wieder hören und lesen: »Der Wille entscheidet«. Dies ist der Wahlspruch der 1. und ältesten Kompanie, die aus dem Einsatzzug »Retten und Befreien« hervorging.

Die Aspiranten stammten im März 2003 aus allen drei Waffengattungen, einer von der Luftwaffe, drei von der Marine und 27 vom Heer – einer nannte seine Einheit nicht. Unter den Bewerbern des Heeres bildeten sieben Fallschirmjäger die größte Gruppe, gefolgt von vier »Spähern«. Auch zwei Soldaten aus Calw stellten sich dem Auswahltest. Sie gehörten den Unterstützungskräften an und wollten Kommandosoldaten werden. Einer von ihnen war bereits 37 Jahre alt und gab als Motiv an, wissen zu wollen, ob er den enormen Belastungen gewachsen sei. Trotz eines gebrochenen Zehs gab er nicht auf – und bestand den Test. Unter den Teilnehmern befanden sich sieben Offiziere, zehn Unteroffiziere mit und 14 ohne Portepee, ein Kandidat gab seinen Dienstgrad nicht an. Er war auch ansonsten nicht sehr auskunftsfreudig. Nur seinen Geburtsort trug er in den Fragebogen ein, beschrieb seine Vorbereitung als »gut« und die Bedeutung militärischer Spezialkräfte in der Zukunft schätzte der 28-Jährige »hoch« ein.

Die meisten Soldaten antworteten sehr viel ausführlicher. Einige bezeichneten ihre Vorbereitung auf den KSK-Test lediglich als »gut«. Die meisten beschrieben zum Teil sehr ausführlich, in welchen Bereichen sie besonders intensiv trainiert hatten. Einige orientierten sich bei ihrem Vorbereitungsprogramm an den Trainingsplänen, die das KSK mit den Bewerbungsunterlagen verschickt. Ein Gebirgsjäger offenbarte, er habe »gar nicht« trainiert. Zwei Oberfeldwebel nannten ihre zu große dienstliche Belastung als Grund dafür, dass sie sich ihrer Meinung nach nicht ausreichend auf den Test vorbereiten konnten. Zwei Soldaten hüllten über ihren Trainingsaufwand den Mantel des Schweigens. Die Antwort eines Unteroffiziers unterschied sich ganz wesentlich von allen anderen: Auch er hatte ein regelmäßiges Lauftraining absolviert und viele Märsche bestritten, ergänzend fügte er hinzu, er habe – stärker als sonst – den Kontakt zu seiner Familie gepflegt.

Groß war die Bandbreite der Antworten auf die Frage: »Aus welchen Gründen möchten Sie Soldat im KSK werden? Welche Hoffnungen und Wünsche verbinden Sie mit dieser Bewerbung?« Jeder zweite Befragte nannte als Motiv die Ausbildung im KSK. Sie bezeichneten diese häufig näher mit Eigenschaftswörtern wie »gut«, »speziell«, »hervorragend« oder »bestmöglich«. Fünf Anwärter betonten den in Calw herrschenden »Teamgeist«, drei hoben die »Kameradschaft« hervor. Ein 24-Jähriger schrieb – wohl mit einem Augenzwinkern –, er finde »schwarze Masken schön«. Bei anderen spiegeln sich in den Antworten die bis zu diesem Zeitpunkt erlebten beruflichen Enttäuschungen wider. So möchte ein Panzergrenadier im KSK »Aufträge mit weitreichender Bedeutung und Wirkung« durchführen. Ein Oberleutnant hofft, die Spezialeinheit aus Calw verfüge über eine »größere Lobby«. Ein Fernmelder gibt an dieser Stelle seine »Unzufriedenheit mit bisheriger Einheit« an. Daher möchte er zukünftig einer »Elite« angehören. Dieser Wunsch findet sich noch bei einigen seiner Kameraden: Ein Oberfeldwebel möchte zur »Auswahl der Besten gehören« und sucht beim KSK die »Herausforderung«. Ein Artillerist strebt an, »Angehöriger einer besonderen Truppe« zu werden. Vier Soldaten, unter ihnen ein 24-jähriger Fallschirmjäger, träumen davon, zukünftig »professioneller arbeiten« zu dürfen bzw. einem »professionellen Team« anzugehören. Ein Oberleutnant umschreibt den Begriff Elite und gibt statt dessen die Antwort, er wolle »zu den Wenigen gehören«.

Nicht wenige betrachten Calw als Sprungbrett für ihre Karriere. Drei verbinden damit die Hoffnung, Berufssoldat werden zu können. Ein Angehöriger der Panzertruppe sieht nur im KSK die Chance für sein Weiterkommen. Mehrere Soldaten umschreiben ihre idealistischen Ziele: Ein Oberfeldwebel möchte »Irgendwann mal was Gutes tun«. Ein Fernspäher weiß genau, was er will: »Ich wollte schon immer einen Beruf ausüben, bei dem ich Menschen helfen kann und einen interessanten und fordernden Alltag habe.«

Große Einigkeit spiegelt sich in den Antworten auf die Frage nach der zukünftigen Bedeutung militärischer Spezialkräfte. Sieben Soldaten antworteten mit einem Wort: Entweder »hoch« oder »groß«. Nur ein Wort mehr, nämlich »sehr hoch« gaben vier der Befragten als Antwort. Mehrere Bewerber vertraten die gleiche Auffassung, hielten aber eine nähere Erläuterung für notwendig. Ein Offizier sieht den Grund für den Aufschwung der Spezialeinheiten in dem »Charakter möglicher Konflikte«. Ein Fallschirmjäger betont die

■ **Das Eignungs-Feststellungs-Verfahren beinhaltet einige Mutproben. Das Abseilen vom Turm gehört dazu.**

Wichtigkeit »sicher Schlüsselinformationen zu gewinnen«. Viele sehen die Bedeutung ihrer zukünftigen Einheit noch wachsen. Ein Angehöriger der Panzertruppe meint: »Gut ausgebildete Soldaten mit professioneller Ausrüstung werden in Zukunft mehr gefragt sein als gepanzerte Kräfte.« Ein Fallschirmjäger ist zuversichtlich, »aufgrund des erweiterten Aufgabengebiets der Bundeswehr« werde die Bedeutung der Spezialkräfte noch wachsen. Ein Oberleutnant glaubt, aufgrund der zunehmenden »asymmetrischen Konflikte« werde der Stern der »konventionellen Kräfte« sinken. Und ein Panzergrenadier aus Bayern schätzt die zukünftige Bedeutung »sehr hoch« ein und ergänzt: »Deswegen will ich zum KSK«.

Der Höhepunkt des EFV: »Überleben und Durchschlagen«

Unter der Überschrift »Kämpfen bis zum Umfallen« befasste sich im November 2002 ein *Focus*-Artikel mit der »Elitetruppe der Bundeswehr«. Dabei war der Auswahltest des KSK auch ein Thema: »Eine Aufgabe für Verrückte«, schrieb der Reporter und listete einige Inhalte auf: »14 Stunden Marschieren. Ohne Nahrung. Ohne Schlaf. Und dann – mit 20 Kilo Gepäck – durch einen acht Grad kalten See schwimmen. Eine Schlucht an einem darüber gespannten Seil überqueren. Sofort danach Rechenaufgaben lösen, zur Erholung davon einen 170-Kilogramm-Baumstamm mit acht Mann einen Hügel hinauftragen. Und schließlich, ausgelaugt, im Laufschritt hinter einem Lastwagen abgeworfene Stühle, Seile, Reifen aufsammeln – ,unsinnige Tätigkeiten, die auch noch anstrengend sind', so ein Ausbilder«. Und der *Focus*-Mann kommt zu dem Schluss, der Aufnahmetest für das KSK würde selbst »abgebrühte Survival-Freaks an die Grenzen ihrer Leistungsfähigkeit bringen.«

Braucht es nur so wenig, um ein Verrückter zu sein? Und von den Rechenaufgaben einmal abgesehen, sind ähnliche Belastungen und Abläufe bei den Spezial- und Eliteeinheiten dieser Welt nichts Außergewöhnliches. Zwischen journalistischer Schreibe und der Wirklichkeit des Eignungsfeststellungsverfahrens des KSK klafft eine breite Lücke. Daraus macht die Einheit aus Calw kein

Fragen an General Hans-Christoph Ammon

■ »Unsere Soldaten haben einen sehr hohen Ausbildungsstand«. *Foto: Bundeswehr/IMZBw*

Dr. Scholzen: »Sehr bald nach seiner Aufstellung wurde dem KSK von Medienvertretern das Etikett ‚Elite' angeheftet. Sehen Sie das KSK als Eliteeinheit oder fehlt es dazu noch an manchem?«

General Ammon: »Hält man sich eine Definition von Elite vor Augen, so ist diese geprägt von der Auslese der Besten. Eliten können etwas leisten, was andere nicht imstande sind zu leisten. Für das KSK gilt, dass seine Soldaten durch ihre besonderen Aufgaben ebenfalls etwas können, was andere Soldaten nicht können. Unsere Soldaten haben einen sehr hohen Ausbildungsstand, der sich international messen kann. Es kommt aber nicht darauf an, welches Etikett man dem Kommando Spezialkräfte anheftet. Es mag unseren Soldaten vielleicht schmeicheln, als eine besonders leistungsfähige Truppe ausgezeichnet zu werden. Dennoch brauchen wir eine Bezeichnung wie Elite nicht.«

■ **Noch eine Mutprobe im EFV: Das Klettern im »Karlsruher Grat«.** *Foto: KSK*

■ **Die rund 160 km lange Durchschlageübung verlangt den Kandidaten alles ab. Die Ausbilder legen besonderes Augenmerk auf das Verhalten in der Gruppe. Bereits vor Jahrzehnten – als an die Aufstellung des KSK noch niemand dachte – erinnerte eine Bundeswehr-Werbung an die alte Soldatenweisheit: Schweiß verbindet!** *Foto: KSK*

Geheimnis: Den EFV-Bewerbern empfiehlt sie eine Vorbereitungszeit von zwölf Wochen. Pro Tag sollten die Soldaten durchschnittlich zwei Stunden trainieren. Dabei sollten sich Dauerläufe, Märsche – mit und ohne Gepäck – und ein so genanntes *Circuit*-Training abwechseln. Wer dieses Programm durchführt, hat gute Chancen, den ersten Block des Auswahlverfahrens zu bewältigen, in dem neben psychologischen Tests und der Überprüfung der Sprungwilligkeit auch ein Sporttest auf dem Programm steht. Danach bleiben den erfolgreichen Bewerbern weitere zwölf Wochen Zeit, um ihren Körper auf die zweite Phase einzustimmen, in der zunächst die Hürde »Überleben und Durchschlagen unter extremen Bedingungen« auf dem Programm steht. Fünf Tage lang marschieren die Kandidaten durch den Schwarzwald. Dabei legen sie rund 160 Kilometer zurück. Nicht selten verlängert sich die Strecke; denn marschiert wird meist in der Nacht. Dadurch steigt das Risiko, vom geplanten Weg abzuweichen. Wenn dies geschieht, kommt es knüppeldick; denn dadurch verringert sich auch die Schlafphase. Nur wenn alles optimal läuft, können die Männer sechs Stunden pro Tag die Augen schließen. Wenn sie sich verlaufen, schrumpft diese Zeit. Beim größten anzunehmenden Umweg schmilzt die Ruhephase auf Null.

Jeder Soldat trägt rund 25 Kilogramm einschließlich Gewehr am Mann. Nichts Besonderes für einen Infanteristen. Doch dazu schleppt die Gruppe noch eine Notfallkiste und die Funkausstattung – noch einmal etwa 40 Pfund. Scheidet einer aus der Gruppe aus, wird die Last für die Übriggebliebenen schwerer. Gefürchtet ist der Baumstamm. Den Koloss müssen die Anwärter zwei Kilometer bergauf schleppen. Im Schnitt beträgt das Zusatzgewicht pro Mann 17 Kilogramm. Bei einer Zehnergruppe errechnet sich ein Gesamtgewicht von 170 Kilogramm, besteht der Trupp aus 14 Soldaten, wählen die Ausbilder eine 240 Kilogramm schwere Buche aus. Das Gewicht des Baumstamms legen die Ausbilder individuell fest: Schwer, wenn ihn viele tragen, leichter, wenn nur noch wenige anpacken können. Ohne diese Anpassung würden selbst die Allerbesten keine Chance haben, den Test zu bestehen; denn mitunter schmilzt die Zahl der Bewerber sehr rasch zusammen. So beim EFV im Herbst 2002, als 30 antraten und nur einer durchkam. Aber auch das Gegenteil gilt: Wer stark ist, kann viel leisten. Stellen die Ausbilder fest, dass die Kandidaten das Gewicht des Baumstamms sozusagen auf die leichte Schulter nehmen, ist eine Zugabe fällig: Der Holz-Weg wird verlängert.

Etwas zu essen bekommen die Soldaten nur dann, wenn sie das Verpflegungsversteck mit Hilfe eines Marschkompasses finden. Wasser gibt es im Schwarzwald hingegen reichlich – und auch Schnee. Seit Jahren war kein EFV schneefrei. Viele Bewerber, die ihre Vorbereitungsmärsche nur im Flachland durchführen konnten, bekommen Probleme mit den steilen Anstiegen. Denn der Nordschwarzwald und der Badener Höhenweg können selbst Bergsteigern etwas bieten; tief haben sich Flüsse und Bäche in den roten Sandstein des Mittelgebirges eingegraben. All das leisten die Männer meist mit leerem Magen. Pro Tag müssen sie mit einer halben *Einmannverpflegungspackung* – Bundeswehr-Kürzel EPA – auskommen. Das ist zu wenig, um den Kalorienverbrauch zu decken. Am Ende der fünf Tage haben die Aspiranten im Schnitt zehn Prozent ihres Körpergewichts verloren.

Je länger die Prüfung dauert, desto mehr häufen sich auch die seelischen Belastungen. Das Gefühl für die Zeit geht verloren – die Kandidaten dürfen keine Uhr tragen. Nach drei Tagen werden die Gruppen aufgelöst. Jetzt müssen sich die Männer alleine durch den Schwarzwald schlagen. An einem Kontrollpunkt erwartet sie eine weitere Herausforderung: Man stößt die Übermüdeten in einen Bus, stülpt ihnen eine Staubschutzbrille mit geschwärzten Gläsern über. Damit beginnt die »Gefangenen- und Isolationsphase«. Man fährt sie in die Kaserne nach Calw und simuliert in einem Kellerraum eine Gefangennahme. Um der Realität nahe zu kommen, werden hierzu Spezialisten der Feldnachrichtentruppe und zum Teil auch Experten anderer NATO-Staaten eingesetzt, die, so drückt es ein Leutnant aus, »für angenehme Gespräche« besonders geschult sind. Systematisch werden die EFV-Teilnehmer an ihre psychischen Grenzen gebracht. Durch hochfrequente Töne werden sie unter Stress gesetzt, darauf folgt eine Phase, in der die Gefangenen einem völligen Reizentzug ausgesetzt werden. Sie hören, sehen, fühlen nichts. Dann müssen sie stundenlang mit ausgestreckten Armen und Beinen an der Wand stehen. Die Verhörspezialisten wenden – das betonen die Ausbilder – nur psychologische Tricks an. Dann kommt der Höhepunkt: Dem Gefangenen gelingt die Flucht. Ein ausgemergelter Mensch kämpft sich voran. So schnell als möglich muss er das Ziel erreichen. Er holt die letzten Reserven aus seinem Körper heraus. Am Ziel wartet das Gremium, das über Erfolg oder Misserfolg entscheidet: Der Kommandeur des KSK, der Leiter der Ausbildungseinheit und der Psychologe.

Verrückte haben keine Chance, die Aufnahmetests des KSK zu bestehen; auch Egozentriker, die nicht teamfähig sind, scheiden frühzeitig aus. Körperlich Schwache scheitern meist ebenso wie muskelbepackte Muckibuden-Dauerkunden.

Man plakatiert in Calw, dass der »Wille entscheidet«. Zu dieser Philosophie – die sich an den Leitspruch der 1. Kompanie anlehnt – passt auch, dass das Kommando Spezialkräfte großen Wert darauf legt zu betonen, dass es nicht das Ziel ist, die Männer zu »brechen«, was woanders gang und gäbe ist. Der Filmregisseur Stanley Kubrick beschrieb dies in seinem Epos »*Full Metal Jacket*«. In einer Hauptrolle sieht der Zuschauer in dem im Jahr 1987 gedrehten Spielfilm einen für den

Fragen an General Hans-Christoph Ammon

Dr. Scholzen: »Über welche Eigenschaften verfügt nach Ihrer Meinung der ideale Kommandosoldat?«
General Ammon: »Der ideale Kommandosoldat muss leistungswillig und leistungsfähig sein. Er kann große Anstrengungen über einen relativ langen Zeitraum erbringen. Darüber hinaus muss der Soldat geistig beweglich sein, damit er Situationen frühzeitig erkennt und Chancen für sich persönlich optimal ausnutzen kann. Eine hohe Frustrationstoleranz zeichnet ihn genauso aus wie eine besonders hohe Teamfähigkeit. Beides ist erforderlich, um auch in Fällen, in denen sich eventuell die Lage anders darstellt, als zunächst geplant, erfolgreich sein zu können. Teamfähigkeit insbesondere deshalb, weil zur Erfüllung der Aufgaben ein ganz enges Zusammenwirken in seinem Trupp jederzeit gefordert ist. Abschließend sollte es sich um einen bescheidenen Menschen handeln, der sich nicht selber in das Rampenlicht stellen muss – ein stiller Könner«.

■ **Teamfähigkeit: Eine Grundvoraussetzung für KSK-Soldaten.** *Foto: Bundeswehr/IMZBw*

Dienst im US-Marinekorps körperlich völlig ungeeigneten Mann, der zunächst gedemütigt und dann gebrochen wird. Allerdings reicht die Kraft des auch von den eigenen Kameraden Traktierten noch aus, um das Leben seines Ausbilders und sein eigenes mit einem Sturmgewehr auszulöschen. Je höher man in der Hierarchie der US-Spezialeinheiten aufsteigt, desto bizarrere Formen nimmt das »Brechen« an. Berüchtigt ist die »Höllen-Woche« der *US Navy Seals,* die sich in der Praxis auch durch ihren totalen Schlafentzug auszeichnet, nur theoretisch soll jeder amerikanische Soldat in dieser Zeit sechs Stunden schlafen. Ein deutscher Ausbilder hält nichts von den US-Methoden: »Einen Mann zu brechen, ist kein Kunststück und dauert nicht lange. Ihn danach wieder aufzubauen, ist schon schwieriger und dauert länger. Die Bruchstelle wird verheilen, aber die Narbe wird nie verschwinden.«

Man gibt sich in Calw Mühe, keine Narben entstehen zu lassen. Das gilt auch für jene Soldaten, die am Höhepunkt des Eignungstests – der Durchschlageübung – scheitern. Auch in diesem Bereich hat das KSK schnell Lehren gezogen. Man weiß, dass der Ruf des KSK leidet, wenn abgelehnte Bewerber ihre Enttäuschung mit nach Hause nehmen.

Aus der Traum?

In den letzten Jahren erreichte im Durchschnitt nur einer von vier Bewerbern das gesteckte Ziel: Die Aufnahme in die Ausbildungseinheit des KSK. Für die meisten endet der Traum während des EFV.

Wer die Aufnahmeprüfung in Calw vorzeitig beendet, erhält am nächsten Morgen die Gelegenheit, in einem Gespräch mit dem Leiter der Personalwerbung das EFV auszuwerten und die Gründe für sein Scheitern zu nennen, aber auch auf festgestellte Mängel hinzuweisen.

Am 31. März 2003 sitzen vier Soldaten im Besprechungsraum der Personalwerber, die in der Nacht zuvor das Auswahlverfahren beendeten. Zwei von ihnen sind blass wie die Wand, die Augen glasig. Sie erkrankten an einer Magen-Darm-Grippe. Sie wollen im September, beim nächsten EFV, einen neuen Anlauf nehmen. Bei ihren Kameraden liegen die Dinge anders: Sie werden nicht noch einmal nach Calw kommen. Beide lernten zwar einiges dazu, aber letztlich hätten sie einsehen müssen, dass ihnen der Schwarzwald doch nicht so gut gefällt, räumen sie ein. Beide kommen aus Potsdam. Dort fühlen sie sich wohl, haben Aufgaben, die ihnen Freude bereiten. Drei Soldaten finden keine Kritikpunkte am Auswahlverfahren. Einer rät, man solle zukünftig in den Informationsblättern, die jeder KSK-Bewerber erhält, darauf hinweisen, dass die Märsche in den Bergen stattfinden.

Am Tag darauf sitzen sieben junge Soldaten im Besprechungsraum. Der Personalwerbe-Hauptmann tröstet sie mit einem Vergleich: Bei den Auswahlverfahren der *US Special Forces* liege die Durchfallquote bei rund 80 Prozent. Noch geringere Chancen habe ein Piloten-Bewerber der Bundeswehr: Nur einer von zehn könne sich seinen Traum erfüllen. Niemand müsse es also als Schande werten, beim KSK nicht angenommen worden zu sein. So haben das die Männer auch nicht gesehen. Drei von ihnen schieden wegen gesundheitlicher Probleme aus: Knie, Knöchel und Bandscheibe, so heißen ihre Gründe, die zum vorzeitigen Ende führten. Vier Aspiranten sehen den Grund für ihr Scheitern in ihrer mangelhaften Motivation. Ein Oberleutnant schildert ausführlich, was ihn bewog, sich für das KSK zu bewerben: Sein Beruf mache ihm zwar Spaß, aber er hätte nicht als Offizier in irgendeinem Stab versauern wollen. Bevor er sich bewarb, hatte der 25-jährige Brandenburger Kommandosoldaten aus der 1. und 2. Kompanie kennen gelernt. Da für ihn das KSK das Nonplusultra darstellt, stand für ihn bald fest: »Das wollte ich mir geben«. Er trainierte sechs Monate und fühlte sich körperlich topfit. Bei seinem ersten Besuch in Calw gefiel ihm die Region aber nicht und bald entschied er: »Hier will ich nicht meinen Lebensabend verbringen.« Nicht nur der Schwarzwald ließ seine Begeisterung für das KSK sinken. Er beschreibt, er habe mehrmals mit einem Hauptmann aus einer Einsatzeinheit gesprochen, der ihm verdeutlicht habe, man könne nicht nur die ganze Zeit durch die Welt rennen und machen, was man wolle. Er kam zu der Bewertung, die »schwarzen Einsätze« des KSK würden in der »Propaganda« sehr in den

Vordergrund gerückt, und sie stünden auch häufig auf dem Trainingsprogramm. Die Wirklichkeit sehe dann aber anders aus. Mehr als 90 Prozent der Einsätze seien »grün«. Der Aufklärer glaubt, der Dienst im KSK unterscheide sich nicht so sehr von seiner bisherigen Tätigkeit. Abgesehen von den Nachteilen, die er in der Verwendung bei der Calwer Einheit sieht. Der 25-Jährige bewertet das EFV als fair. Der hier herrschende sachliche Ton überraschte ihn. Besonders hob er einen Hauptfeldwebel hervor, der die Aspiranten fragte, ob es denn noch gehe. So etwas hatte er bisher nicht kennen gelernt. Er dankte besonders seinem Chef, der ihm die Möglichkeit gegeben hatte, hier teilzunehmen. Vor Hänseleien durch seine Kameraden fürchtet er sich nicht: »Ich werde denen einen Bewerbungsbogen in die Hand drücken und sagen: Versucht es doch einmal selbst.«

Auch die anderen Männer beantworten die Frage, wie ihr Umfeld auf ihre fehlgeschlagene Bewerbung reagieren wird, selbstbewusst. Ein junger Soldat erwartet: »Viele werden sich wundern, dass ich zurückkomme; denn ich bin eigentlich sehr fit«. Ähnlich schätzt es der Mann ein, den der lädierte Knöchel zum Aufgeben zwang. Er vermutet, die meisten in seiner Einheit hätten geglaubt, er würde das schaffen. Für ihn, so ahnt er, werde es jetzt schwierig werden: Er will im Herbst am nächsten EFV teilnehmen, fürchtet aber, dass sein Chef davon nicht begeistert sein wird; da er schon für dieses Mal sehr hart trainiert hatte. Er absolvierte viele Märsche, die er sich selbst organisiert hatte. Ähnlich sieht es sein Kamerad, den die Rückenschmerzen bremsten. Sein Zugführer, so nimmt er an, werde von seiner Rückkehr überrascht sein. Ein anderer beschreibt sich als »zäh« und ist sicher, dass sich sein Chef über seine Rückkehr freuen wird. Einen guten Mann könne man schließlich immer gebrauchen. Aber einige Hänseleien werde er sich wohl anhören müssen. Seine Kameraden hätten ihm mit auf den Weg gegeben: »Wenn Du bestehst, dann ist das KSK weich. Wenn Du es nicht schaffst, dann bist Du zu weich«.

■ Auf dem Weg in das KSK stehen viele Hürden, die die angehenden Kommandosoldaten überwinden müssen.
Foto: Bundeswehr/IMZBw

Die Aufgaben des KSK

Bild meldete am 25. Februar 2002: »Die im baden-württembergischen Calw stationierten rund 1000 KSK-Soldaten haben ein mehrjähriges Kampf- und Überlebenstraining hinter sich, können lautlos und mit bloßen Händen töten.« Damit blieb das Boulevard-Blatt zwar seiner reißerischen Grundtendenz treu, zeichnete das Fähigkeitsspektrum des KSK aber nur bruchstückhaft nach. Und der Schreiber übersah, dass von den tausend KSK-Soldaten rund zwei Drittel den Unterstützungskräften und dem Stabspersonal angehören.

Über seine Leistungsfähigkeit breitet das KSK nicht den Mantel des Schweigens. Auf einem großformatigen Poster findet der interessierte Leser folgende Schlagworte: Retten und Befreien, Schutz, Aufklärung, Abwehr von Terror und Kampf in der Tiefe.

Retten und Befreien

Die Wurzel dieses Aufgabenbereichs liegt in den Ereignissen im April 1994 in Ruanda. Seit einigen Jahren ist das KSK in der Lage, bedrohte Personen – zum Beispiel aus einem Bürgerkriegsgebiet – zu retten, wenn die Infrastruktur in diesem Land lahmgelegt wurde und die Personen das Land nicht mehr verlassen können. Darüber hinaus sind die Männer aus Calw auch befähigt,

■ Vier KSK-Männer mit unterschiedlichen Fähigkeiten bilden einen Trupp.

■ Im Jahr 2001 übte das KSK im Rahmen der Ausbildung »Retten & Befreien« die Befreiung von Geiseln aus einem Flugzeug. Dies gilt unter den Spezialeinheiten des Militärs und der Polizei als die höchste Herausforderung. Das KSK erzielte mittlerweile – dank regelmäßigen Übens – im Bereich dieser Sonderlage große Fortschritte. In den ersten Jahren erhielten die Calwer kameradschaftliche Unterstützung von der GSG 9 und vom SAS. Im Oktober 1977 rettete die GSG 9 auf dem Flughafen der somalischen Hauptstadt Mogadischu insgesamt 90 Geiseln aus den Händen fanatischer Terroristen. Eine Geisel und ein BGS-Beamter erlitten dabei nur leichte Verletzungen. Drei der vier Terroristen wurden im Feuergefecht getötet. Ähnlich erfolgreich war ein Jahr zuvor eine Spezialeinheit des israelischen Militärs bei der Befreiungsaktion in Entebbe in Uganda. Im November 1985 hingegen endete eine Geiselbefreiung in einem Desaster: 57 Geiseln starben, als die ägyptische Spezialeinheit »777 Sa'aqua« ein Passagierflugzeug auf dem Flughafen von Luqa auf Malta stürmte. *Foto: KSK*

■ Ein weiteres klassisches Szenario einer Geiselbefreiung ist die so genannte *Buslage*. Befreundete Einheiten, wie die französische GIGN, sammelten damit in der Vergangenheit Erfahrungen. Wie bei den anderen »Lagen« – Befreiungen aus Zug oder Straßenbahn, Automobil oder Flugzeug –, kommt es darauf an, möglichst rasch die Täter auszuschalten und die Geiseln zügig zu evakuieren. Weltweit entwickelten die Spezialisten von Militär und Polizei Dutzende unterschiedlicher Varianten. In dieser Übung aus dem Jahr 1997 griff das KSK an der linken Seite des Busses an, während gleichzeitig an der rechten Seite eine Ablenkungsmaßnahme durchgeführt wurde. Das Foto dokumentiert die Gleichzeitigkeit des Zugriffs: Die Panorama-Scheiben des Reisebusses werden eingeschlagen, jeweils ein Mann bekämpft durch das zertrümmerte Fenster die Täter. Dabei verwenden die Stürmer Pistolen P 8, die Sicherungsschützen MP 5. *Foto: KSK*

■ Übung »Retten & Befreien« im Jahr 1997. Der Mann im Vordergrund stützt sich am Rand der Luke ab. Er fixiert das Tau, an dem seine Kameraden in den Schacht abgleiten.
Foto: KSK

■ In den frühen Jahren experimentierte das KSK in vielen Bereichen. Das Führen eines Einsatzes im Aufgabenbereich »Retten & Befreien« ist besonders schwierig. Um das Zusammenspiel im Zugriff zu erleichtern, erhielt jeder Soldaten eine Kennummer. Dieser Soldat ist der 5. Mann der Gruppe Foxtrot.
Foto: KSK

■ Kurzausführung einer Einsatzflinte Remington M 870 »Police Magnum«. Oberhalb der Waffe ist eine *Sure-Fire*-Lampe befestigt. In dieser Zusammenstellung eignet sich die Repetierflinte im Kaliber 12/76 besonders für R-&-B-Szenarien. Wenn die richtige Munition im fünfschüssigen Magazin steckt, lassen sich damit auch Türen öffnen. Allerdings schießt man dann nicht auf das Türschloss, sondern auf die Scharniere. Der KSK-Soldat trägt diese Waffe an seiner rechten Seite, gegen Verlust ist sie mit einem quer über Schulter und Brust verlaufenden Seil gesichert.

Geiseln zu befreien. Dazu trainieren sie in unterschiedlichen Umgebungen: Wohngebäude, Fabriken, Eisenbahn, Bus und Flugzeug. In diesem Bereich nähern sich die vom KSK angewandten Einsatztaktiken denen von Spezialeinheiten der Polizei an. Den Schlüssel zum Erfolg bildet dabei fast immer der Überraschungseffekt: Der Gegner wird abgelenkt, dann erfolgt blitzschnell der Zugriff.

Schutz

Darunter fällt sowohl der Schutz von Personen in besonderen Lagen als auch der Schutz der Truppe vor terroristischer Bedrohung. Objektschutz im eigentlichen Sinn ist keine Aufgabe für das KSK. Im Aufgabenfeld »Schutz« arbeitet das KSK eng mit den Luftlandebrigaden der Division Spezielle

■ Unter anderem besuchten KSK-Soldaten Personenschutzlehrgänge bei der Polizei in Frankfurt am Main. *Foto: KSK*

■ Im Rahmen von »R & B«-Sonderlagen absolvieren die Kommandosoldaten auch eine Fahrausbildung mit zivilen Kfz. Zum Lernprogramm gehört das Abdrängen eines Angreifers. *Foto: KSK*

■ Einen weiteren Programmpunkt der Fahrausbildung, die in Calw durchgeführt wird, bildet das Durchbrechen einer Straßensperre mit einem zivilen Kfz. *Foto: KSK*

Die Division Spezielle Operationen (DSO)

Die veränderte Rolle Deutschlands in der internationalen Politik, die auch eine stärkere Einbeziehung deutscher Soldaten in die Lösung militärischer Konflikte einschloss, schuf die Notwendigkeit, ein dazu geeignetes Instrumentarium zu schaffen. Seit dem Jahr 2001 baut die Bundeswehr die *Division Spezielle Operationen* auf. Den Kern dieses zur Zeit rund 8500 Mann starken Verbandes bildet das KSK. Um diesen herum wurde ein Mantel von spezialisierten Einheiten und Verbänden gruppiert, die zusammen die DSO bilden. Zusammen verfügen sie über die erforderlichen Fähigkeiten, um vier operative Aufgaben zu lösen:

1. Bewaffnete Rückführung. Hierunter fällt die Evakuierung deutscher Staatsbürger und der Bürger anderer Nationen aus Krisengebieten. Einen weiteren Schwerpunkt bildet das Retten deutscher Soldaten aus akuter Bedrohung.
2. Kampf gegen irreguläre Kräfte. Hierunter fallen alle Maßnahmen zum Ausschalten von Kräften, deren Aktionen sich gegen deutsche Soldaten richten.
3. Schnelle Anfangs- bzw. Abschlussoperationen. Ziel ist es, durch luftbewegliche oder amphibische Unternehmen rasch einsatzwichtige Infrastruktur – zum Beispiel einen Flugplatz oder einen Hafen – in die Hand zu bekommen. Zum Aufgabenfeld gehört auch die Deckung eigener Kräfte bei einem geordneten Rückzug.
4. Operationen in der Tiefe. Dabei klären Kräfte der DSO in der Tiefe des Raumes auf, lenken das Feuer, schalten Ziele von operativer Bedeutung aus. Zu den Aufgaben gehören auch Jagdkampfoperationen, deren Ziel es ist, wichtige Einrichtungen des Gegners zu zerschlagen.

Um die gestellten Aufgaben bewältigen zu können, erhielt die DSO nicht nur Führungs- und Einsatzgrundsätze, die sie deutlich von anderen Verbänden der Bundeswehr unterscheiden, sondern auch eine an den besonderen Aufgaben orientierte Ausrüstung und Ausbildung. Eine gemeinsame Voraussetzung stellt für alle in der DSO zusammengefassten Truppenteile deren Luftlandefähigkeit dar.

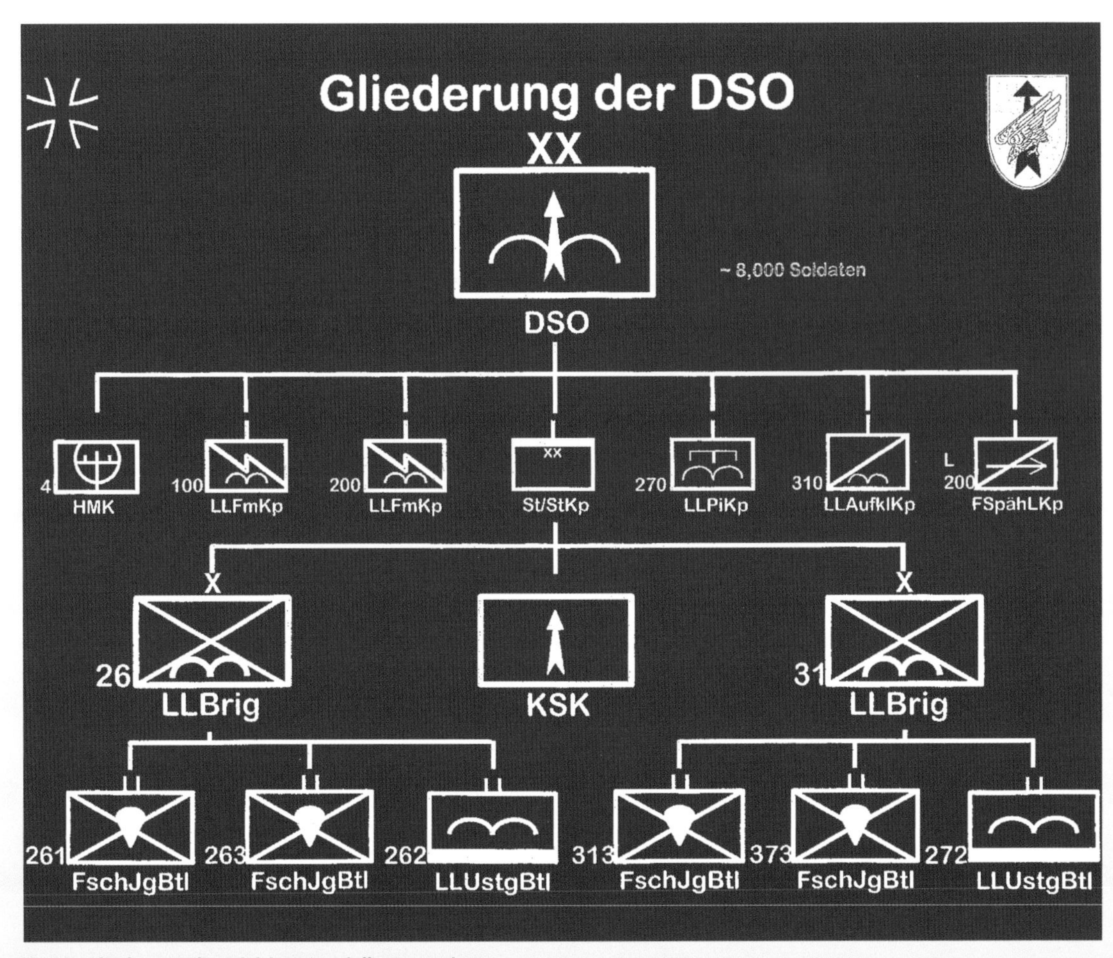

■ **Die Gliederung der Division Spezielle Operationen.** *Zeichnung: Pressestelle DSO*

Keine Regel ohne Ausnahme. In der DSO bildet diese das *Heeresmusikkorps 4,* das der DSO eingegliedert wurde, aber nicht zu Luftlandungen befähigt ist. (A.d.L.: Warum? Und wenn irgendwo auf der Welt schnell ein Friedenskonzert benötigt wird?) Die Aufgaben der Musiker liegen im Bereich der Öffentlichkeitsarbeit und der Repräsentation. Während diese Komponente von manchen als exotisch innerhalb der DSO angesehen wird, weist die ebenfalls in Regensburg stationierte *Stabskompanie* in Auftrag und Arbeitsergebnissen deutliche Unterschiede zu einem »normalen« Stab auf.

Die Besonderheiten der DSO treten deutlich in den beiden Fernmeldekompanien (LLFmKp 100 und 200), die in Regensburg und Dillingen stationiert sind, zutage. Gleiches gilt für die in Wildeshausen beheimatete *Luftlandepionierkompanie,* die *Luftlandeaufklärungskompanie* aus Seedorf und die *Fernspählehrkompanie* in Pfullendorf. Dort, nördlich des Bodensees, befindet sich auch das *Ausbildungszentrum Spezielle Operationen,* in dem neben den Fernspähkräften auch die Spezialkräfte der DSO ausgebildet werden.

Ohne diese Einheiten könnten sowohl das KSK als auch die beiden Luftlandebrigaden ihre Aufgaben nicht erfüllen. Beide Brigaden bestehen jeweils aus zwei Fallschirmjägerbataillonen und einem Luftlandeunterstützungsbataillon. Die *Luftlandebrigade 26* aus Saarlouis bilden die *Fallschirmjägerbataillone 261* aus Lebach und *263* aus Zweibrücken und das in Merzig stationierte *Luftlandeunterstützungsbataillon 262.* Zur *Luftlandebrigade 31* in Oldenburg gehören die Fallschirmjägerbataillone 313 und 373 aus Seedorf und das in Oldenburg und Seedorf beheimatete *Luftlandeunterstützungsbataillon 272.*

■ Soldaten der Division Spezielle Operationen beim Sprungdienst während der Übung *»Bright Star 2001«* in Ägypten. Fallschirmjäger sind spezialisierte Kräfte, die in Zukunft eng mit dem KSK zusammenarbeiten werden. Vereinfachend kann man sagen, diese sind für das »Grobe« zuständig, während die Kommandokräfte den »chirurgischen Schnitt« ansetzen.
Foto: Pressestelle DSO

■ Hundeführer mit vierbeinigem Kameraden aus dem Diensthundezug der 1. Kompanie/Fallschirmjägerbataillon 313 (Varel). Mit der veränderten Lage nahm die Bedeutung von Diensthunden bei der Bundeswehr zu. Unter anderem werden die Vierbeiner zum Aufspüren von Sprengstoff eingesetzt. Sie leisten aber auch wertvolle Hilfe bei Festnahmen.
Foto: Pressestelle DSO

■ Verbandswappen der DSO.
Zeichnung: Pressestelle DSO

■ **Ein Fernspäh-Kommandosoldat bei der Arbeit mit einer Digitalkamera. Das lange Objektiv wird unter anderem bei Observationen und zur Einsatzdokumentation verwendet. Dank moderner Übertragungstechnik ist es möglich, die verschlüsselten Bilder nahezu in Echtzeit weltweit zu übertragen.** *Foto: KSK*

Operationen (DSO) zusammen. Diese bilden den äußeren Mantel, das KSK den Kern.

Die Kommandosoldaten betreiben im Regelfall keinen Personenschutz. Allerdings spielt in einigen Spezialkräfte-Szenarien auch der Schutz besonders gefährdeter Personen eine Rolle. Daher durchliefen mehrere Kommandosoldaten Lehrgänge bei staatlichen Personenschützern in unterschiedlichen Bundesländern. Anders als bei den klassischen Personenschützern der Bundeswehr, die aus den Reihen der Feldjäger rekrutiert werden, ist der Schutzauftrag der Kommandosoldaten nur bedingt von der hierarchischen Stellung einer Person abhängig. Die Entscheidung über den Personenschutz wird in jedem Einzelfall aufgrund einer strategischen und politischen Beurteilung der Lage getroffen.

Aufklärung

Zu den Aufgaben des KSK gehört die »Gewinnung von Schlüsselinformationen«. Die vom KSK durchgeführten Einsätze ergänzen die technische Aufklärung aus der Luft. Die für die Landes- und Bündnisverteidigung wichtigen Informationen können sein: Die Bewegungen und Dislozierungen großer Truppenkörper sowie deren Einrichtungen. Das KSK klärt im Einsatzgebiet zum Beispiel Fernmeldeanlagen, Depots, Hauptquartiere des Gegners und dessen Nachschubwege auf. Das KSK stellt die Stärke des Gegners, seine Bewaffnung und den Aufenthaltsort besonders wichtiger Personen fest. Eine möglichst umfassende und detaillierte Aufklärung ist für die Kommandosoldaten von großer Bedeutung. Denn da-

■ **Besonders guten Freunden schenkt die Fernspähkommandokompanie diese Modellfigur.** *Foto: KSK*

durch kann das Risiko des Einsatzes deutlich verringert werden.

Bis zum Jahr 2004 gehörte zum KSK eine Fernspähkompanie. Diese hatte unter anderem die Aufgabe, in Echtzeit umfangreiche Daten an jeden Ort der Welt zu übertragen. Nach der Umgliederung des Kommandos wurde diese Kompanie im Jahr 2004 aufgelöst. Die Aufklärung bildet auch ein wesentliches Aufgabengebiet der Scharfschützen des KSK. Etwa 90 Prozent ihrer Einsätze können unter diesem Stichwort zusammengefasst werden. Für diese Aufgabe sind grundsätzlich alle Kommandosoldaten befähigt, sie klären gegen strategische Ziele auf und gewinnen Schlüsselinformationen für Operationen von strategischer und politischer Tragweite.

Abwehr von Terror und Kampf in der Tiefe

Ganz oben auf der Liste steht dabei der Kampf gegen Terroristen. Das war bereits zum Zeitpunkt der Aufstellung des KSK eine Kernforderung. In diesen Bereich fällt aber auch die Wegnahme, Zerstörung oder Lähmung – darunter verstehen Militärs Aktionen, die dem Gegner die Nutzung wichtiger militärischer und ziviler Anlagen,

■ **KSK-Soldat in Tarnbekleidung »Wald«.**

■ KSK-Trupp in einem Waldgebiet. Die vier Soldaten legen in unregelmäßigen Abständen »Beobachtungs- und Horchhalte« ein. Dazu knien sich die Männer, wenn möglich, hin und sichern in einem 360°-Bereich. Der Trupp bewegt sich sehr langsam, wie Jäger auf der Pirsch; denn ein Ziel ist es, vom Gegner nicht bemerkt zu werden. Dazu ist es wichtig, möglichst wenig Geräusche zu erzeugen.

■ Die Soldaten verständigen sich durch Sicht- oder Berührungszeichen. Der Truppführer gibt durch Handzeichen die Marschrichtung vor.

■ Während zwei Soldaten ihr Gepäck aufnehmen, sichern ihre Kameraden.

■ Durch ein Berührungszeichen kündigt der Soldat seinem Kameraden an, dass er jetzt losgehen wird. Kurze Zeit später folgt der letzte Mann, beobachtet dabei aber immer noch seinen Sicherungsbereich.

■ Bei einem Orientierungshalt arbeiten die KSK-Soldaten mit Karte, Kompass und GPS, dem satellitengestützten Wegweiser.

■ Die umfangreiche Ausrüstung des Funkers steckt in seinem Rucksack. Da bei einem langandauernden Einsatz große Mengen an Batterien verbraucht werden, verteilen die Soldaten diese Last. Die wichtigsten Geräte sind so gepackt, dass sie schnell erreichbar sind. Im Einsatz liegt das Gesamtgewicht, das jeder Soldat tragen muss, zwischen 40 und 45 kg.

Geräte und Vorräte für begrenzte Zeit verwehren – von Waffen und Einsatzmitteln, Infrastruktur und Anlagen, die für die gegnerische Operationsführung von entscheidender Bedeutung sind. Dies kann zum Beispiel durch die Sprengung wichtiger Brücken und Fernmeldeanlagen oder durch Angriffe auf Flugplätze oder Hafenanlagen erfolgen. Auch das Zerstören einzelner Flugzeuge kann ein Auftrag sein. Das KSK ist besonders gut für den »chirurgischen Schnitt« geeignet.

Diese Aufgaben sind zwar umfangreich, vergleicht man sie jedoch mit jenen anderer Sondereinsatzkräfte, so bleiben doch zahlreiche Bereiche unberührt. Vor allem anderen sind nachrichtendienstliche Aufgaben zu nennen. Die Bundesregierung stellte bereits 1997 deutlich heraus, dass das KSK in diesem Bereich keine Aufgaben wahrnehmen kann und will. Weder den Militärischen Abschirmdienst (MAD) noch den Bundesnachrichtendienst (BND) unterstützt das KSK. Und es wurde besonders darauf hingewiesen, dass die Kommandosoldaten keine Ausbildung für nachrichtendienstliche Tätigkeiten erhalten. Man ging sogar noch weiter. Als die Bundesregierung im Rahmen einer Kleinen Anfrage danach gefragt wurde, ob es beabsichtigt sei, Soldaten mit einer nachrichtendienstlichen Ausbildung in das KSK zu integrieren, ant-

■ Für das Packen des Rucksacks gilt die Regel: Die schwersten Gegenstände sollen am Rücken des Trägers liegen. Allein in der Kampfmittelweste stecken im Einsatz 300 Patronen für das G 36.

■ Bedingt der Auftrag den Verbleib an einem Ort über längere Zeit, leben die Kommando-Soldaten im Versteck. Unter Holz und Ästen spannen sie hier eine Zeltplane, so dass ihnen auch starker Regen nichts anhaben kann. Selbst aus sehr geringer Entfernung sieht man die Zeltplane kaum und das Versteck lässt sich nur schemenhaft ausmachen. Der Betrachter kann allenfalls erahnen, dass gerade der Funker bei der Arbeit ist.

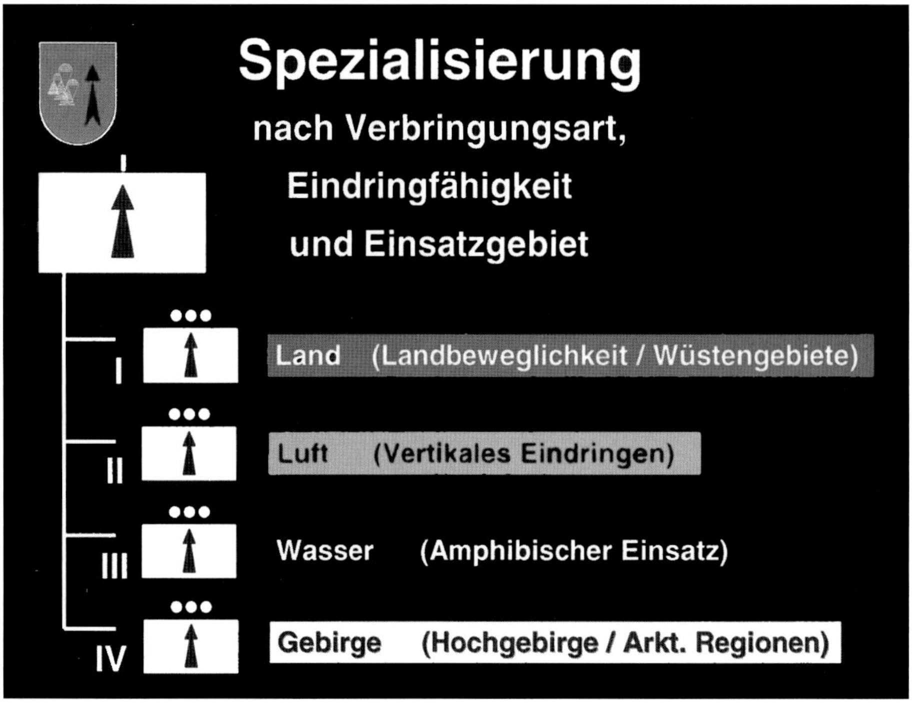

■ Die Spezialisierungen nach Verbringungsart.
Quelle: KSK

wortete sie: »Es ist nicht beabsichtigt, Soldaten mit spezieller nachrichtendienstlicher Ausbildung zielgerichtet im KSK zu verwenden; dies schließt die Versetzung von Soldaten mit entsprechenden Vorverwendungen im Rahmen der normalen Personalfluktuation/-führung nicht aus.« Ebenso sucht man in den Einsatztaktiken des KSK manches vergeblich, was in anderen Kommandos der Welt gang und gäbe ist. Das KSK unterliegt vielen Bestimmungen, allen voran dem Grundgesetz und dem Kriegsvölkerrecht. Aufgrund dieser Voraussetzungen darf das KSK keine Einsätze in Fremduniformen oder in Zivil durchführen. Natürlich nutzt das Kommando Spezialkräfte zur Vorbereitung und Durchführung seiner Einsätze die Informationen der Dienste. Insbesondere beim Kampf gegen den weltweit operierenden Terrorismus sind die auf diesem Weg gewonnenen Informationen unverzichtbar. Im Bereich der Inneren Sicherheit wird seit Jahren eine engere Zusammenarbeit zwischen den Polizeien und den Diensten gefordert. Ähnliches gilt auch für den Bereich der äußeren Sicherheit. Auch die konzeptionelle Weiterentwicklung der deutschen Spezialkräfte wird der geänderten Lage Rechnung tragen müssen. Die so genannten *asymmetrischen Konflikte* werfen zahlreiche Fragen auf, zum Beispiel: Warum sollen Kommandosoldaten in Uniform aufklären und kämpfen, wenn der potentielle Gegner kein Kombattant ist?

Die Gliederung des KSK

In der Gliederung spiegelt sich das breite Aufgabenspektrum des KSK wider. Zum Unterstützungsbereich gehören die Unterstützungskompanie, die Fernmelder, die Stabs- und Versorgungskompanie.

Zu den Einsatzkräften des KSK zählen:

- das Ausbildungs- und Versuchszentrum (AVZ), zuständig für den Auswahltest, die Ausbildung der Kommandosoldaten, Truppenversuche und die Entwicklung neuer Einsatztaktiken.
- Die Gruppe Weiterentwicklung (GrpWE) passt nur eingeschränkt in diese Auflistung; denn sie ist eigenständig und untersteht nur dem Kommandeur des KSK, ist somit kein elementarer Bestandteil der Einsatzkräfte. Die GrpWE

■ Kompaniewappen Ausbildungs- und Versuchszentrum KSK
Foto: KSK

besteht aus zwei Dezernaten, in denen insgesamt rund 20 Soldaten beschäftigt sind. Das Dezernat »Rüstung« befasst sich mit der Beschaffung und dem Testen von Waffen, Munition und Ausrüstung. Hier werden auch Absprachen mit Herstellerfirmen über neu zu schaffende Ausrüstungsgegenstände getroffen und ständig der Markt gesichtet. Es wird kontinuierlich ein taktisches-technisches Fähigkeitsprofil des KSK fortgeschrieben. Wenn irgendwo Bedarf besteht, wendet sich diese Abteilung an die Industrie und beschreibt die festgestellte Fähigkeitslücke, dann werden in enger Zusammenarbeit Lösungen gesucht. Natürlich gibt es auch den umgekehrten Weg: Firmen, die dem KSK ein Gerät, eine Waffe oder ein Fahrzeug anbieten. In diesem Bereich sind in der Mehrzahl Diplom-Ingenieure, Techniker und Feuerwerker beschäftigt. Hingegen sind die meisten Mitarbeiter im Dezernat »Kommandokampf« besonders erfahrene, aktive Kommandosoldaten. Hier beschäftigt man sich mit der Weiterentwicklung und Neugestaltung von Taktiken, Konzepten, Ideen und Vorschriften für den Einsatz der Kommandokräfte. Dieser Bereich ist die Gedankenschmiede des KSK und arbeitet in enger Absprache mit den Einsatzkräften, dem AVZ und dem Stab. Aufgrund dieser Vorgabe ist es wichtig, dass in der Gruppe Weiterentwicklung besonders erfahrene Kommandosoldaten ihren Dienst versehen. Es ist häufig die Anschlussverwendung nach der Zeit in den Kommando-Kompanien. In beiden Bereichen kommen darüber hinaus Anregungen von befreundeten Einheiten, weltweit und – das ist ein Ergebnis der zunehmenden Einsatzerfahrung des KSK – aus den eigenen Reihen. In der Gruppe Weiterentwicklung werden diese Vorschläge und Anregungen auf ihre Umsetzbarkeit geprüft und, wenn möglich, die Anschaffung des jeweiligen Geräts oder die Ausarbeitung einer neuen Einsatztaktik in die Wege geleitet. Für beide Bereiche gilt, dass nicht Bewährtes durch Neues ersetzt wird. Innovationen müssen jedoch sein, wenn der Gegner in welchem Bereich auch immer ein moderneres Verfahren anwendet. Besser ist es, wenn das KSK nicht reagiert, sondern selbst den Gegnern immer einen Schritt voraus ist.

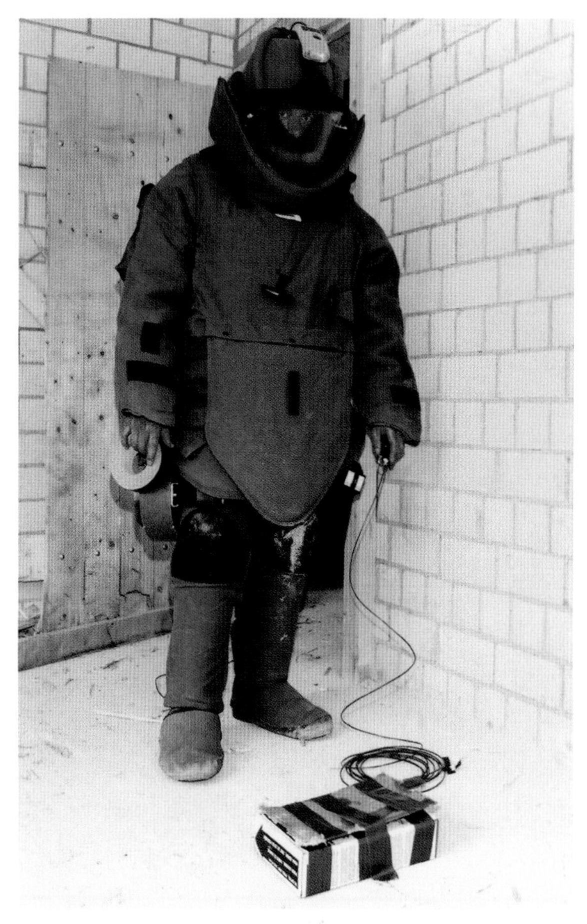

■ Entschärfer des KSK im Spezialanzug.
Foto: KSK

Das KSK verfügt über vier Kommandokompanien, die aus jeweils fünf Spezialzügen mit je vier Trupps mit jeweils vier Mann bestehen.

■ Ein Rucksack, wie ihn die Entschärfer des KSK verwenden. Sie sind dem Pionier-Spezial-Zug im AVZ zugeordnet. Natürlich zeigt die Abbildung nicht den Inhalt; denn dies würde einem Gegner möglicherweise Hinweise auf die Vorgehensweise der Entschärfer geben. *Foto: KSK*

■ Die KSK-Männer konnten auch bei *»Enduring Freedom«* dank ihrer hervorragenden Ausstattung mehrfach wichtige Erkenntnisse sammeln, die sie sowohl ihren deutschen Kameraden als auch Soldaten befreundeter Nationen zur Verfügung stellten. Die Ausrüstung umfasst zahlreiche optronische Geräte. Ein Ziel ist es, die gewonnenen Daten in Echtzeit – also ohne Zeitverzögerung – an jeden beliebigen Ort weiterzuleiten. *Foto: KSK*

■ **Das Wappen der Fernspäh-Kommandokompanie des KSK. Nach der Umgliederung des KSK im Jahr 2004 wurde sie aufgelöst.** *Foto: KSK*

Die Kommandokompanien

Die kleinste taktische Einheit des KSK stellt der aus vier Unteroffizieren mit Portepee gebildete Trupp dar. Dieses Konzept übernahm man vom britischen SAS. Ein wesentlicher Grund liegt in der Vorgabe, dass der Trupp schicht- und ruhefähig sein muss. Dies bedeutet, dass in der Zeit, in der zwei Kommandosoldaten ruhen, ihre beiden Kameraden sichern und die Verbindungen aufrecht erhalten. Dadurch erhält der Trupp eine längere Stehzeit und Durchhaltefähigkeit im Feld. Bei der Zusammenstellung der Trupps wird unter anderem darauf geachtet, dass die Soldaten, die ihre Ausbildung gerade abgeschlossen haben, besonders erfahrenen Kameraden zugeordnet werden. Dabei ist es bedeutsam, dass unter den Männern die Chemie stimmt: Im Einsatz hängt das Überleben der Soldaten davon ab, dass sie füreinander alles geben.

■ **Hohe Mobilität ist für das KSK ein wichtiger Faktor. Der Kradfahrer klärt das Gelände auf, dann erst folgt das AGF (Aufklärungs- und Gefechts-Fahrzeug).**

■ Das AGF stellt, so beschreibt es ein KSK-Offizier, für die Mobilität des Verbandes einen Quantensprung nach vorn dar: *»In Bezug auf Geländegängigkeit, Durchhaltefähigkeit und Einsatztiefe wird das KSK für lange Zeit führend sein.«*

In der Besetzung der Vierer-Trupps strebt man an, eine bestimmte Position mit einem körperlich besonders starken Mann zu besetzen, eine andere Funktion im Trupp nimmt ein besonders drahtiger Soldat ein. Der Grund für diese Zusammenstellung der Trupps liegt in einsatztaktischen Überlegungen. Natürlich lässt sich diese Wunschkonstellation nicht immer vollkommen umsetzen: Es gibt eben nicht beliebig viele KSK-Soldaten, die alle für diese Verwendung notwendigen Qualifikationen mitbringen und dazu noch zwei Meter groß und 100 kg schwer sind. Die individuellen Unterschiede gleicht man aus, indem man die vier Männer jedes Trupps in einem Bereich besonders intensiv ausbildet, der – das hat die Erfahrung gezeigt – im Einsatz von überragender Bedeutung ist. So verfügt jeder Trupp über einen

- **Sanitäts-Spezialisten.** Da der Kommando-Trupp autark agiert, ist kein Arzt dabei. Die Kommandosoldaten müssen im Einsatz aber in der Lage sein, sich im Notfall selbst zu behan-

■ Auch bei einem Orientierungshalt mit dem AGF gilt der Grundsatz, stets nach allen Seiten zu sichern. Der Sicherungsschütze überwacht mit seinem lafettierten schweren MG Kaliber 12,7 mm (.50 BMG) den rückwärtigen Bereich.

■ Im Herbst 2001 übt ein KSK-Trupp die Versorgung eines Minenopfers. Der Sanitätsspezialist übernimmt dabei die Führung und gibt seinen Kameraden Anweisungen. Bevor Erste Hilfe geleistet werden kann, muss zunächst die Umgebung des Verletzten nach weiteren Minen abgesucht werden. Diese werden durch rote Signalfarbe – am rechten Bildrand – markiert. Es ist leicht nachvollziehbar, wie schwierig es unter diesen Bedingungen ist, kühlen Kopf zu bewahren.
Foto: KSK

■ In einem Ausbildungsabschnitt, den das KSK zusammen mit befreundeten Spezialeinheiten durchführt, lernen die Pionier-Spezialisten aus den Trupps die Auswirkungen improvisierter Sprengfallen kennen. Alle weiteren Einzelheiten unterliegen dem Geheimschutz.
Foto: KSK

■ Sonnenuntergang irgendwo in der Wüste. Der Fernmeldespezialist eines KSK-Trupps überprüft die Reichweite seines Hoch-Frequenz-Funkgeräts.
Foto: KSK

■ Die Maschinenpistole MP 5 von Heckler & Koch. Hier die Ausführung SD mit integriertem Schalldämpfer. Aus dieser Waffe muss keine spezielle Unterschallmunition verschossen werden. Die Geschwindigkeit der 9-mm-Projektile wird im mit Bohrungen versehenen Rohr verringert und somit der Mündungsknall gemindert.

■ Das Leuchtpunkt-Visier aus Sicht des Schützen. Der rote Punkt kann je nach Bedarf ein- oder ausgeschaltet werden.

■ P 8 Combat von Heckler & Koch. Ohne das 15-Schuss-Magazin wiegt die Pistole 720 Gramm. Diese Waffe löst seit Ende der 90er-Jahre in der Bundeswehr die Walther P 1 ab. Für das KSK wird die P 8 mit Zubehör geliefert, wie z.B. der Lampe *Universal Tactical Light, MK II,* deren Leuchtkraft bei 115 Lumen liegt. Der deutlichste Unterschied zum Zivil- und Polizeimodell liegt im Sicherungshebel. Bei der Bundeswehr-Ausführung befinden sich die Bezeichnungen »S« und »F« (für gesichert bzw. feuerbereit) auf dem Griffstück. Für die anderen Kunden bringt H & K die Merkmale am rechten Rand des Sicherungs- und Entspannhebels an.

■ G 36 mit aufgesetztem »Licht-Modul«.

■ Das »Licht-Modul« am G 36 besteht aus einer *Sure-Fire*-Lampe (unten), darüber dem blau umrandeten Aktiv-Laser, in der Mitte einem Infrarot-Scheinwerfer und daneben einem Passiv-Laser.

deln. Dafür ist der *»Medic«* – das englische Wort für Mediziner – da. Er besitzt die Qualifikation eines Rettungs-Sanitäters, die auch zivil anerkannt ist. Seine Ausbildung absolviert er in Krankenhäusern der Bundeswehr, aber auch in zivilen Einrichtungen. Dazu gehören Praktika im Krankenhaus und auf dem Rettungswagen, die er jährlich wiederholen muss. Während ein Rettungssanitäter des Deutschen Roten Kreuzes oder anderer Hilfsorganisationen nur in Ausnahmefällen – im Rahmen seiner Notkompetenz – Zugänge legen oder einen Patienten intubieren darf, reichen die Kompetenzen des *»Medic«* sehr viel weiter. Er darf nicht nur Zugänge legen und Wunden nähen, sondern auch Medikamente – einschließlich Narkotika – verabreichen, die er in seinem Rucksack mitführt. Und er darf auch seine verletzten Kameraden operieren, wenn keine andere Möglichkeit besteht.

Pionier. Dieser Kommandosoldat ist der Experte für Sprengen, Zerstören, Lähmen und Ausschalten. Wenn zum Beispiel der Kom-

Fragen an General Hans-Christoph Ammon

Dr. Scholzen: »Welche besonderen Fähigkeiten muss der Kommandeur des KSK mitbringen?«
General Ammon: »Zum einen verfügt der Kommandeur von militärischen Spezialkräften über gleiche Fähigkeiten wie Kommandeure anderer Verbände. Der Kommandeur kennt seine Soldaten und ihre Fähigkeiten. Er geht ihnen voran, fordert sie in ihrem Aufgabenbereich und schafft gegenseitiges Vertrauen. Zum anderen muss er über Einsatzerfahrung auf hoher und höchster Ebene verfügen. Sowohl nationale wie auch multinationale Erfahrungen zeichnen ihn besonders aus.«

■ **Der Kommandeur kennt seine Soldaten und ihre Fähigkeiten.** *Foto: Bundeswehr/IMZBw*

mandotrupp die Aufgabe erhält, eine strategisch wichtige Brücke zu zerstören, dann ist das die Aufgabe des Kommandofeldwebels Pi. Wie für alle anderen Bereiche gilt auch hier, dass seine Kameraden ihn bei der Arbeit unterstützen. Besondere Bedeutung kommt dem *»Breacher«* – dem Mann, der die Bresche schlägt – im Bereich des »Rettens und Befreiens« zu. Er öffnet Türen und Fenster mit unterschiedlichen Hilfsmitteln.

Fernmelder. Ohne Funk- und Fernmeldeverbindungen sind militärische Einsätze kaum denkbar. Der Fernmelder des Trupps ist zuständig für das Senden und Empfangen von

■ **Die *leichte Panzerfaust KSK* unmittelbar nach dem Abschuss. Man beachte die Hohlladungsgranate, die eben ihre Stabilisierungsflossen aufklappt.** *Foto: KSK*

Das Schießausbildungzentrum des KSK

■ Im Schießausbildungs-Zentrum (SAZ) lassen sich Licht- und Sichtverhältnisse blitzschnell verändern. Mit der vollen Schutzausrüstung – allein die Brustpanzerung in der Schutzklasse IV wiegt rund 16 kg – und den Helmen und ABC-Schutzmasken ist das Training äußerst anstrengend. Die Nachtsichtbrillen klappen die Soldaten bei Bedarf mit einem Handgriff vor die Augen.

In dreijähriger Bauzeit erstand das sieben Millionen Euro teure *Schießausbildungszentrum (SAZ)* des KSK in Calw. In diesem weinroten Gebäude wird das Schießen im Kommando eingeübt; insbesondere jene Techniken, die für den Aufgabenbereich »Retten und Befreien« erforderlich sind. Dementsprechend viele Möglichkeiten bietet das SAZ mit seiner Gesamtfläche von 1035 Quadratmetern. Die Kugelfänge erlauben das Üben mit Handwaffen unterschiedlichster Kaliber. So lässt sich mit Sturmgewehren Kaliber 5,56 x 45 problemlos auch die besonders durchschlagstarke Doppelkern-Munition verfeuern. Um diesen Belastungen standhalten zu können – die Projektile bringen es auf eine Energie von bis zu 4000 Joule – wurde in den gesamten Schießbereich als Geschossfang eine Stahllamellenkonstruktion eingebaut.
Die Anlagen werden intensiv genutzt. Die Übenden, zu denen als Gäste auch Angehörige von Sondereinheiten der Länderpolizeien, der GSG 9 und befreundeter militärischer Verbände gehören, verschießen hier im Jahr rund 250.000 Patronen. Allein innerhalb des fünfwöchigen Schießlehrgangs verfeuert jeder angehende Kommandosoldat 8000 Schuss Munition.
Das Schießausbildungszentrum leitet ein erfahrener älterer Kommandosoldat, den zwei zivile Arbeiter unterstützen. Ihnen obliegen drei Bereiche: Ein Schießstand, zwei interaktive Schießkinos und ein Studiobereich.

■ Allein innerhalb des fünfwöchigen Schießlehrgangs verschießt jeder angehende Kommandosoldat 8000 Schuss.
Foto: KSK

■ Einer der Kommandostände im Schießausbildungs-Zentrum. Der Operateur steuert von hier täuschend echt wirkende Puppen. Auch das Schießkino bietet vielfältige Möglichkeiten. Der Schütze kann hier seine Reaktionsschnelligkeit verbessern und für gefahrenträchtige Situationen sensibilisiert werden. Lichteffekte, Nebel und unterschiedliche Geräusche lassen sich zuschalten, um die Übenden unter Druck zu setzen. Über Funk stehen sie und der Ausbilder ständig in Verbindung. So können notwendige Korrekturen direkt an die Schützen weitergegeben werden.

Der Schießstand ermöglicht das Schießen aus Entfernungen von 25 bis zu einem Meter Distanz. Schüsse aus dem Nahbereich sind aufgrund der besonderen Konstruktion der Geschossfänge mit allen im KSK aus Pistole und Maschinenpistole verschossenen Munitionssorten möglich. Von einer »normalen« Schießanlage unterscheidet sich diese 25-Meter-Bahn sehr. Neben der elektronischen Trefferanzeige fällt die horizontal verlaufende Laufziehanlage auf, mit der sich Ziele bewegen lassen. Darüber hinaus besteht die Möglichkeit, in diesem Stand Duellscheiben mit einer Freund-/Feindkennung zu beschießen. Dabei muss der Schütze blitzschnell die Entscheidung treffen, ob er schießt – Feind – oder bei einer Freundscheibe nicht von seiner Schusswaffe Gebrauch macht. Zum Teil sind auf so genannten Täter-/Geiselscheiben sowohl Freund als auch Feind abgebildet. Der Beobachter im Leitstand kann verschiedene Möglichkeiten auswählen, um die Schützen unter Stress zu setzen oder ihnen das Treffen zu erschweren: Lichteffekte inklusive einer Stroboskoplampe, verschiedene Beschallungsmöglichkeiten und künstlicher Nebel. Die Schießbahn wird während des Betriebes ständig video- und audioüberwacht. Dies ermöglicht eine sehr genaue Auswertung der Schießergebnisse.
Die beiden nebeneinander aufgebauten Schießkinos bieten ebenso die Gelegenheit, ein statisches Schießen unter mentaler Belastung durchzuführen. Darüber hinaus können hier auch taktische und sich bewegende Ziele beschossen werden. Des Weiteren ist die Möglichkeit des Überkreuzschießens gegeben: Der Schütze sieht auf der einen Leinwand sich selbst und auf der daneben liegenden seinen Gegner. So kann er seinen Gegner bekämpfen und gleichzeitig sehen, ob er selbst von einer imaginären Kugel getroffen wurde.
Das *Studio* ist der Höhepunkt des Calwer SAZ. Hier kann in »Rundumverteidigung« von 360 Grad geschossen werden. Als Ziele dienen einfache Pappkameraden oder dreidimensionale Puppen. Letztere sind zum Teil innen hohl, so dass in Kopf und Brustbereich Luftballons befestigt werden können, die bei Treffern platzen. Darüber hinaus gibt es deutlich aufwändiger gestaltete menschenähnliche Attrappen, die sich vom Kontrollraum aus bewegen lassen. Diesen *Dummies* Marke Eigenbau haucht ein elektrischer Garagentor-Motor Leben ein. Über Lautsprecher in den Puppen können sich die Schützen sogar mit ihrem Gegenpart – genauer gesagt dem Instruktor im Kontrollraum – unterhalten. Und schießen können die Figuren auch noch – mit FX-Munition, die

■ **Das Training im SAZ ist äußerst vielseitig und intensiv. Das Schießen auf »einfache« Pappscheiben gehört auch dazu.** *Foto: KSK*

farbige Flecken hinterlässt. Auf einem ungeschützten Körper sorgen die Projektile für schmerzhafte Blutergüsse. Trifft der Soldat die Puppe im Kopf oder Brustbereich, sinkt sie wirklichkeitsnah in sich zusammen.

Zum Bereich des Studios, das sich über mehrere Stockwerke erstreckt und durch Raumteiler innerhalb kürzester Teil völlig neu gestaltet werden kann, gehören auch ein Innenhof mit zwei Stellen, an denen die Kommandosoldaten von außen nach innen das Eindringen in das Gebäude üben können; Treppenhäuser und ein funktionsfähiger Fahrstuhl.

Der Schießhausleiter ist mit den Möglichkeiten des SAZ zufrieden. Besonders hebt er hervor, dass es bisher noch zu keinem Schießunfall gekommen ist – auch ein Beleg für die hohe Disziplin der Schützen. Und zu gleichen Teilen ebenso Ergebnis der anspruchsvollen Prüfung, die ausnahmslos jeder ableisten muss, bevor er im Studio den ersten Schuss abgibt. Wer diesen Eignungstest nicht be-

■ **KSK-Mann mit G 36 k im Anschlag.** *Foto: KSK*

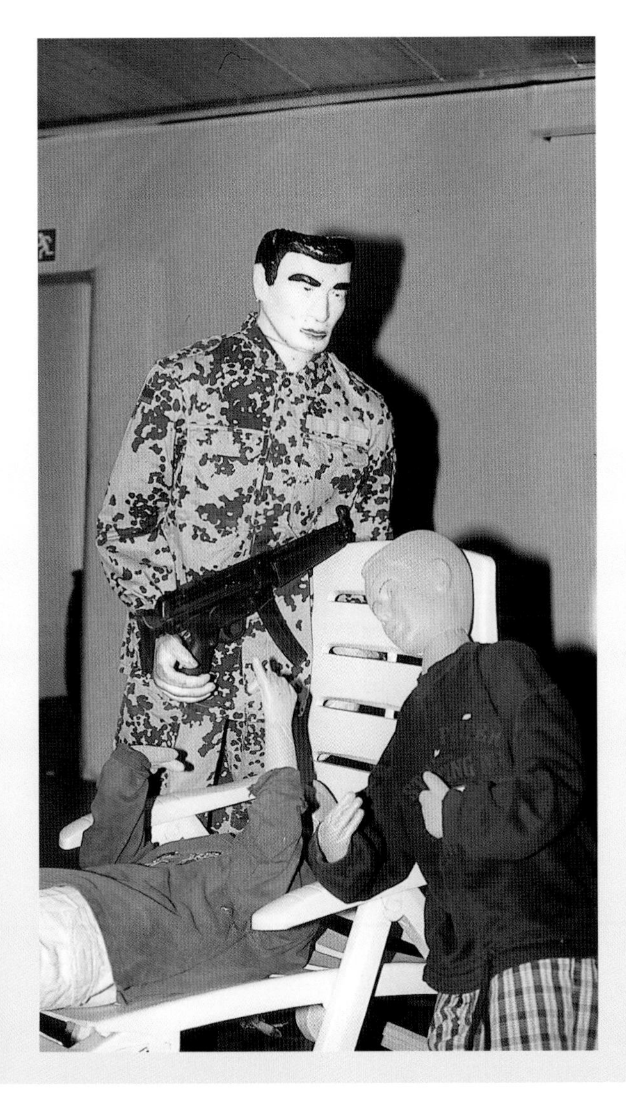

steht, darf nicht schießen: »Ganz gleich, welchen Dienstgrad er hat oder woher er kommt«, betont der Leiter.
Gegenwärtig bildet das SAZ des KSK die Meßlatte für alle anderen Schießausbildungszentren in Europa. Aber wie in anderen Bereichen gilt auch hier, dass zum Erhalt dieses hohen Entwicklungsstandes auch in Zukunft technische Neuerungen notwendig sein werden. Der Leiter des SAZ träumt von einem holografischen Schießstand. Aber die Kosten wären enorm. Darin hätte der Schütze die Möglichkeit, noch wirklichkeitsnäher zu üben, da er hier auf Hologramme, also dreidimensionale Laserbilder, schießen könnte. »Das werde ich in meiner Dienstzeit nicht mehr erleben«, glaubt der drahtige Oberstabsfeldwebel.

■ **Für wirklichkeitsnahe Schießübungen stehen Puppen unterschiedlicher Größe zur Verfügung. Zum Teil können sie durch Elektromotoren bewegt werden, und schießen können sie auch. Wenn der Mann im Kontrollraum auf den Knopf drückt, feuert die Puppe eine FX-Patrone ab. Diese Farbmarkierungs-Munition hinterlässt nicht nur einen großen Fleck auf der Kleidung, sondern auf dem ungeschützten Körper führt das Projektil zu einem schmerzhaften Bluterguss. In den Rückseiten anderer Puppen lassen sich Luftballone unterbringen. Damit wird der Schütze trainiert, so lange zu schießen, bis der Gegner wirksam getroffen ist. Eine Regel, deren Einhaltung in einem Feuergefecht lebenswichtig ist. Diese Handlung wird im Rahmen der Schießausbildung automatisiert. Die Soldaten lernen aber ebenso, blitzschnell zwischen Freund und Feind zu unterscheiden.**

Meldungen und Führungsanweisungen. Er sorgt für die Daten- und Bildübertragung, häufig in Echtzeit. Er stellt die Verbindung zu den einzelnen Trupps, zum Basislager, zum KSK nach Calw oder auch, falls erforderlich, zur Bundesregierung her.

Waffenfeldwebel. Er erhält eine Ausbildung an allen Handwaffen im KSK und ist befähigt, kleinere Reparaturen an ihnen durchzuführen. Dafür führt er das entsprechende Werkzeug mit. Er ist auch der Spezialist für Fremdwaffen und erkennt fremde Waffensysteme. Dadurch kann er bei einer Aufklärung fachgerecht melden, welches dieser Waffensysteme in welcher Anzahl beim Gegner vorhanden ist. Er erhält auch eine Ausbildung zum Vorgeschobenen Beobachter (VB). Dazu gehört es, dass er das Feuer unterschiedlicher Geschütze und Lenkwaffen von Flugzeugen mit unterschiedlichen Geräten – zum Beispiel Laserpointern – leitet bzw. lenkt.

Die Ausbildungsdauer ist je nach Spezialisierung unterschiedlich. Für die Rettungssanitäter dauert sie drei Monate. Hinzu kommt noch ein Praktikum von vier Wochen. Die Spezialausbildung der Fernmelder ist untergliedert in einen Teil 1, der vier Wochen dauert, und den Teil 2, für den drei Wochen angesetzt sind. Beim Pionier dauert die Gesamtausbildung zwei Monate. Nach der Spezialausbildung geht das Lernen ständig weiter. Für den Sanitäter des Trupps gilt zum Beispiel, dass er ständig durch den Kommandoarzt und die Sansoldaten weitergebildet wird.

Man hat somit in den Trupps des KSK die vier wichtigsten Fähigkeiten in einer Spezialisierung abgebildet. Grundsätzlich können aber alle Truppmitglieder alles. Sollte der Fernmeldespezialist ausfallen, kann ein anderer Kommandosoldat in die Bresche springen und diese Aufgabe übernehmen, qualitativ jedoch etwas abgeschwächt.

Der Truppführer wird nicht befohlen, sondern er muss von der Gruppe bestätigt werden. Die Männer des Trupps verfügen fast alle über den gleichen Dienstgrad, sie sind entweder Ober- oder Hauptfeldwebel. Es bewährte sich in der Praxis, dass der Fernmeldespezialist die Funktion des Truppführers übernimmt; denn er muss unter anderem die Verbindung zur militärischen Führung halten. Es ist von großem Vorteil, wenn der Führer des Trupps zusätzlich noch über eine oder sogar zwei weitere Spezialisierungen verfügt. Dies ist allein aus zeitlichen Gründen nur möglich, wenn der Soldat bereits eine lange Stehzeit im KSK hinter sich hat. Im Einsatz gilt die hierarchische Gliederung im Trupp nur bedingt. In der Praxis führt dann jeweils der Mann, dessen Spezialisierung gerade am meisten gebraucht wird. Bei einer Verwundung ist das der Sanitäter. Er gibt seinen Kameraden Anweisungen, was sie bei der Versorgung des Verletzten oder Kranken tun müssen. Damit die anderen seine Anweisungen verstehen, gibt es ein so genanntes »*Cross-Training*«, also eine übergreifende Ausbildung, die jedem Soldaten ein Grundwissen aus allen Fachgebieten vermittelt.

Lage- und geländeabhängig weicht das KSK auch von der Vierer-Gliederung ab. Wenn es die Zeitdauer des Einsatzes oder andere Umstände erfordern, mehr Männer draußen zu haben, und die Kampfkraft und der Gefechtswert erhöht werden soll, geht man zum Beispiel auf 2 x 4 über. Dies kann zum Beispiel bei einem langandauernden Aufklärungsunternehmen der Fall sein. Die acht Männer können dann mehr Wasser mitnehmen und mehr Batterien für die unterschiedlichen elektrisch betriebenen Geräte. Vier Mann bilden den Grundbaustein, der je nach Lage aufgestockt werden kann. Den einzelnen Mann gibt es im KSK nicht. Sowohl im »grünen« als auch im »schwarzen« Bereich gilt: mindestens zwei Mann. Mindestens zwei Mann nehmen einen Raum, mindestens zwei liegen wach im Beobachtungsstand. Ein Leutnant definiert: »Den klassischen Einzelkämpfer setzen wir nicht ein, sondern die Einzelkämpfer im Team«.

Vier Kommando-Kompanien

Die Soldaten der vier Kommando-Kompanien des KSK verfügen über spezielle Qualifikationen, die für ihren Auftrag von besonderer Bedeutung sind. Auch bei dieser Einteilung orientierte man sich am Konzept des SAS.

Das wichtigste Kriterium, dessen Erlernen sehr zeitintensiv ist, stellt die »Verbringungsart« dar. Innerhalb der Kompanien besitzen die einzelnen Züge eine unterschiedliche Qualifikation.

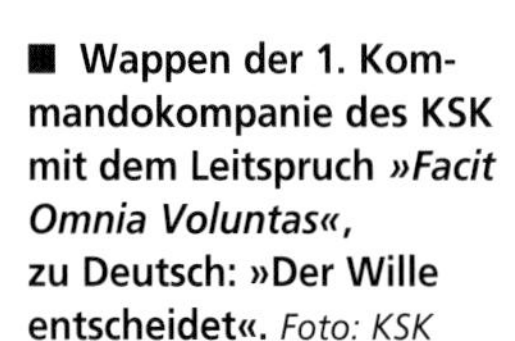

■ **Wappen der 1. Kommandokompanie des KSK mit dem Leitspruch »*Facit Omnia Voluntas*«, zu Deutsch: »Der Wille entscheidet«.** *Foto: KSK*

Rund ein Viertel der Soldaten ist auf Landbeweglichkeit und den Kampf in der Wüste spezialisiert. Ihre Ausbildung findet unter anderem in Arizona und in der Sahara statt.

Eine weitere Möglichkeit, an den Einsatzort zu gelangen, stellt die vertikale Verbringung dar. Die so ausgebildeten Soldaten absolvieren Fallschirmsprünge aus Höhen bis zu etwa 8000 m. Die Masse der Sprünge erfolgt jedoch aus sehr viel geringerer Höhe. Je nach den Einsatzgegebenheiten

■ **Wüstenausbildung von Landtrupps im Frühjahr 2000. Mit den »Wölfen« legen die Soldaten die 20 km von der Basisstation zum Schießstand zurück.** *Foto: KSK*

■ **Hohe Beweglichkeit im Gelände ist eine Voraussetzung für den Erfolg. *Quads,* die Ein-Mann-Vierräder, übernehmen dabei auch die Rolle motorisierter Packesel.**

wenden die Fallschirmspringer zwei unterschiedliche Verfahren an: Bei den so genannten HAHO-Sprüngen geschieht das Absetzen aus großer Höhe – ***H**igh **A**ltitude* – und der Schirm wird sehr bald nach dem Absprung geöffnet – ***H**igh **O**pening.* So ist es möglich, über eine weite Entfernung nahezu lautlos zu gleiten. Das Flugzeug oder der Hubschrauber, der die Springer absetzte, kann somit vom Gegner zumindest akustisch nicht wahrgenommen werden. Allerdings vergeht bei dieser Art des Fallschirmsprungs zwischen dem Absprung und der Landung sehr viel Zeit. Kommt es hingegen darauf an, die Soldaten möglichst rasch ins Zielgebiet zu bringen und dennoch das Risiko ihrer Entdeckung möglichst gering zu halten, kommt das HALO-Verfahren zur Anwen-

■ **Herbst 2002. Sprungsausbildung des KSK in einem fernen Land. In der Verbringungsart »Vertikal« üben die Kommandosoldaten sowohl HAHO- als auch HALO-Sprünge bei Tag und Nacht. Sprünge aus großen Höhen sind nur mit Sauerstoff möglich.** *Foto: KSK*

■ **Ohne Sauerstoffmasken sind Fallschirmsprünge aus großer Höhe nicht möglich. Zusätzlich trägt der KSK-Soldat eine Nachtsichtbrille.** *Foto: KSK*

dung. Dabei wird ebenfalls aus großer Höhe abgesprungen, der Schirm aber erst in Bodennähe – ca. 300 m bis zu 1000 m über Grund – geöffnet. Einige Soldaten werden zum so genannnten *Tandem-Master* ausgebildet. Sie können somit eine Person mitnehmen, die nicht Fallschirmspringen kann. So ist es zum Beispiel möglich, einen Notarzt oder einen anderen Spezialisten ins Einsatzgebiet zu bringen. Alle KSK-Männer können Lastensprünge durchführen. Dabei transportieren sie eine große Tonne, quer vor dem Bauch, in der sich Waffen, Ausrüstung, Zelt, Nahrung usw. befinden. Die dritte Spezialisierung umfasst amphibische Einsätze und Operationen über

■ Ein HALO-Sprung im Trupp. Dabei verlassen vier Mann in großer Höhe die Transportmaschine, öffnen den Fallschirm erst nach einer langen Flugphase, wenige hundert Meter über dem Boden. Die Springer bleiben dabei eng gestaffelt, um nach der Landung möglichst rasch wieder zusammen auf den Gegner einwirken zu können.
Foto: KSK

Wasser. Allerdings ist für diese Soldaten das Wasser lediglich die »Straße« zum Einsatzgebiet, sie führen zum Beispiel keine Angriffe auf Schiffe durch wie die Kampfschwimmer. Den Schwerpunkt bildet das »Dschungel-Konzept«. Dazu verwenden sie Kajaks, Schlauchboote, und so genannte *Rib*-Boote. Ihre Ausbildung findet in Französisch-Guayana in Zusammenarbeit mit der Fremdenlegion statt, die dort ihre Dschungelkampfschule betreibt.

Zu guter Letzt verfügt das KSK auch über Soldaten, die für Einsätze im Hochgebirge und in der Arktis ausgebildet sind. Dazu verfügen sie über Spezialgerät wie Mehrzweckkettenfahrzeuge, zum Beispiel »Skidos« oder »Hägglunds«. Einen Teil ihrer Ausbildung erfahren sie zusam-

■ Mehrere Fallschirmspringer des KSK sind dazu ausgebildet, einen Passagier mitzunehmen. Die *»Tandem-Master«* können einen Experten – zum Beispiel einen Arzt oder einen Psychologen – ins Einsatzgebiet bringen, der selbst nicht Fallschirmspringen kann. Beim Landeanflug nimmt der Passagier seine Beine hoch, um Verletzungen an den »Stelzen« zu vermeiden. In dieser Phase könnte er in einer taktischen Lage jetzt schon von seiner Waffe Gebrauch machen und Gegner im Bereich der Landezone niederhalten.
Foto: KSK

■ Die Endphase eines HALO-Sprunges.
Foto: KSK

men mit Kameraden aus Norwegen. Das Training findet aber auch in den Alpen statt. Einige besonders befähigte Soldaten werden zum Heeresbergführer ausgebildet. Sie beherrschen ihr Metier so perfekt, dass sie in der Lage sind, einen Spezialisten, der nicht Klettern kann, ins Hochgebirge zu bringen. Das kann zum Beispiel ein Verhandlungsspezialist sein, der im Einsatz dringend gebraucht wird, oder ein Naturwissenschaftler.

Bei der Spezialisierung kann der Soldat einen Wunsch äußern. Jemand, der im Gebirge aufgewachsen ist, der kommt in der Regel auch in den Zug, der auf den Kampf im Gebirge spezialisiert ist. Letztlich entscheiden aber die militärischen Notwendigkeiten: Der Mann kommt dahin, wo er gebraucht wird. Für die persönliche Spezialisierung gilt der gleiche Grundsatz.

Das beschriebene System der Spezialisierungen soll sich aber sehr bald grundlegend ändern. Es wird angestrebt, auch die Züge in der ganzen Breite der Verbringungsarten auszubilden. Hierin spiegeln sich die Erfahrungen aus den letzten Einsätzen des KSK auf dem Balkan und in Afghanistan wider. Das zukünftige Ziel wird es sein, Universalisten auszubilden. Einige wenige besondere Qualifikationen, deren Erlernen außerordentlich zeitintensiv ist, werden von dieser Änderung nicht betroffen. Dazu zählen die bereits angesprochenen Heeresbergführer und die Tandem-Fallschirmspringer, aber auch die Fahrlehrerausbilder des KSK oder die maritimen Zugführer, die eine besonders hohe und damit sehr zeitintensive Qualifizierung als Taucher erworben haben.

■ Wappen der 2. Kommandokompanie des KSK. *Foto: KSK*

■ Wappen der 3. Kommandokompanie des KSK. *Foto: KSK*

■ Wappen der 4. Kommandokompanie des KSK: *»Parates Semper Pro Justitia«*, auf gut Deutsch: »Allzeit bereit für das Recht«. *Foto: KSK*

■ Einige Kommandosoldaten erhalten die höchstmögliche Graduierung im Gebirge und werden zu Heeresbergführern ausgebildet. Damit dürfen und können sie auch Nicht-Kletterer durch die Berge führen. Dies ist wichtig, wenn etwa dringend benötigte Experten ins Hochgebirge verbracht werden sollen. *Foto: KSK*

■ Die amphibische Ausbildung findet heute vorwiegend in heimischen Gewässern statt. In den ersten Jahren trainierte das KSK diese Einsatzform vor allem bei den Franzosen.
Foto: KSK

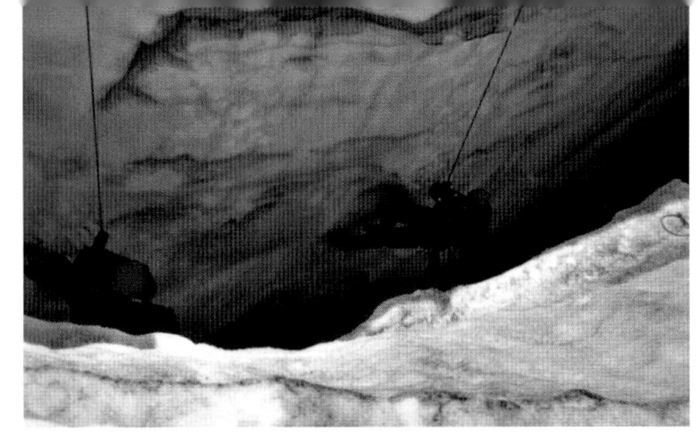

■ Die bergsteigerische und Kletter-Ausbildung findet zum Teil in Österreich in Höhen über 3000 m statt. *Foto: KSK*

■ Auch ein Beitrag zur Mobilität in schwierigem Gelände: Das leichte Luftlandefahrzeug »Mungo« für das KSK (Vergleichserprobungsträger) lässt sich einschließlich zehn Mann Besatzung im mittleren Transporthubschrauber CH 53 transportieren. Drei »Mungos« passen in die Transall C-160.
Foto: Kraus-Maffei-Wegmann

■ Bei vielen Einsätzen des Kommandos Spezialkräfte kommt es auf Schnelligkeit an. In nicht wenigen Einsatzszenarien stellt daher der Hubschrauber das beste Transportmittel dar. *Foto: KSK*

Von Beginn an wurde dem Kommando Spezialkräfte ein großes Spektrum an möglichen Aufträgen übertragen: Die Soldaten sollen unter anderem Geiseln retten und befreien, Personen festnehmen – oder ausschalten – und weit hinter den feindlichen Linien Kommandoaktionen durchführen. In jedem dieser Fälle sind sehr unterschiedliche Ausrüstungsgegenstände erforderlich, und die Soldaten des Kommandos Spezialkräfte müssen ein ganzes Bündel unterschiedlicher Einsatztaktiken beherrschen. Betrachtet man Erzeugnisse Hollywoods, dann erscheint die Sache recht einfach: Wenn es gilt, zu zeigen, wie eine Spezialeinheit ein Problem löst, dann greift der Regisseur in der Regel zu Altbewährtem. Die pyrotechnische Abteilung übernimmt die Hauptrolle und entwirft eine Szene, in der es ordentlich kracht und blitzt. Hinzu kommen moderne Kommunikations-Technik, moderne Fahr- und Flugzeuge, moderne optische Geräte und Waffen und so weiter und so fort. Mittendrin in dem Tohuwabohu aus splitterndem Glas, Maschinengewehrfeuer, Pulverdampf, grellen Lichtblitzen, Sirenen und Schreien stürmen die Spezialisten und lösen in atemberaubender Schnelligkeit die Lage.

■ **Spezialeinheiten verfügen über eine breite Palette an Möglichkeiten, um ein Problem zu lösen. Unter den unterschiedlichsten Rahmenbedingungen eine Tür zu öffnen, gehört zu den Standardtechniken. Diese Variante des KSK gehört mit Sicherheit zu den spektakulären Vorgehensweisen.** *Foto: KSK*

Die Wirklichkeit sieht anders aus; denn die Hauruck-Methode ist für Spezialeinheiten nicht das Mittel der Wahl, sondern das letzte Mittel, das nur dann angewendet wird, wenn nichts anderes mehr geht.
Ein Einsatz des Kommandos Spezialkräfte hat fast immer einen langen Vorlauf. Über Tage, Wochen, manchmal über Monate wird geplant, wie der Einsatz am besten gestaltet werden kann. Dabei spielen sehr viele Faktoren eine Rolle. Es sind Fragen zu beantworten wie: Führt der Verband den Einsatz alleine oder zusammen mit befreundeten Spezialeinheiten durch? Welche Unterstützungskräfte werden für welchen Zeitraum benötigt? Wie viele Kommandosoldaten sind für den Einsatz erforderlich? Welche Ausrüstung muss mitgeführt werden? Wie kann das Risiko für die eigenen Männern möglichst verringert werden? Wie kann zum Beispiel ein Kriegsverbrecher möglichst unversehrt festgenommen werden, damit er vor Gericht gestellt werden kann? In jedem Fall wird nicht nur ein Plan bis ins Detail hinein entworfen, sondern es werden zahlreiche unterschiedliche Varianten bis in die letzte noch so kleine Verästelung hinein entwickelt. Dabei muss zwar nicht in jedem Fall das Rad neu erfunden werden, es gibt Standardverfahren, an denen man sich orientieren kann. Aber es ist wichtig, die in jedem Fall individuell beste Lösung zu finden. Dies ist nicht etwa eine akademische Übung, sondern dahinter steht in jedem Fall das Ziel, den Einsatz in jeder Hinsicht optimal durchzuführen. Optimal ist er dann, wenn alle Ziele des Einsatzes voll erfüllt wurden und möglichst keine eigenen Verluste zu beklagen sind.

■ Einsätze des KSK finden regelmäßig in einer Umgebung statt, in der man von allen möglichen Seiten mit Widerstand rechnen muss. Wo der Feind steht, ist nicht selten ungewiss, trotz bestmöglicher Aufklärung. Die Kommandosoldaten verwenden in dieser Übung Waffen, aus denen PT-Munition verschossen wird. Dabei handelt es sich um Projektile aus Kunststoff, die deutlich leichter als normale Geschosse sind. Somit ist der Wirkungsbereich dieser Munition weitaus geringer als bei der Verwendung »normaler« Munition. Auf kurze Entfernung ist die Munition jedoch sehr durchschlagstark. Somit kann auch in einer Umgebung geübt werden, die für den klassischen scharfen Schuss nicht geeignet ist. Insbesondere können losgelöst von einer konventionellen Schießbahn improvisierte Ziele bekämpft werden. *Foto: KSK*

Der Kampf gegen den international operierenden Terrorismus begleitet die demokratischen Staaten seit vielen Jahrzehnten. Als Täter traten Palästinenser auf, Angehörige der deutschen Roten Armee Fraktion (RAF), der französische Action Directe und der italienischen roten Brigaden. Japanische Terroristen warfen Bomben, die IRA schoss und bombte, Molukker entführten Züge. Schwerstkriminelle nahmen Geiseln und töteten zahlreiche Menschen. Auf diese Ereignisse reagierten die Staaten mit polizeilichen oder militärischen Aktionen. Es wurden Geiseln aus Flugzeugen, Bussen und Eisenbahnen befreit. Es gab Befreiungsaktionen auf Schiffen, im Dschungel und auf fernen Inseln.
Die führenden Spezialeinheiten analysierten im Laufe der Jahre alle diese Ereignisse und insbesondere fand untereinander ein Austausch über Erfahrungen bei diesen Einsätzen statt. Die GSG 9 schuf für diesen Erfahrungsaustausch mehrere Veranstaltungen: die CTC (Combat Team Competition, zu deutsch den Vergleichswettkampf internationaler Spezialeinheiten), das »Commander meeting«, eine Zusammenkunft der Führer der Spezialeinheiten, oder den »workshop«, bei dem die Spezialeinheiten technische Neuerungen erklären und vorführen und neue Einsatztaktiken zur Diskussion stellen. Kurze Zeit nach seiner Gründung nahm das KSK an diesen Veranstaltungen teil und wurde auch dadurch sehr schnell in die Familie der Spezialeinheiten aufgenommen.

■ **Dem KSK stehen durch die Truppenübungsplätze der Bundeswehr und bei befreundeten Armeen sehr viele unterschiedliche Üb-Szenarien offen. Das Sprengen einer Tür ist technisch weitaus aufwendiger, als man glauben könnte; denn dabei muss auch beachtet werden, dass die Personen, die es festzunehmen gilt, möglichst unbeschadet bleiben. Die Unterschiede zu einem polizeilichen Vorgehen sind in diesem Punkt nur gering.** *Foto: KSK*

■ **Im Häuserkampf gelten viele Grundsätze. Einer der wichtigsten ist, dass ein Haus – wenn möglich – von oben nach unten gestürmt wird. Die Glasscheiben werden zuvor durch eine technische Maßnahme beseitigt.** *Foto: KSK*

Die Standardverfahren, die bei unterschiedlichen Einsätzen angewendet werden, und deren vielfältige Varianten müssen vom KSK – wie von allen anderen Spezialeinheiten weltweit – ständig geübt und immer weiter verfeinert werden. Es wird dabei sowohl das praktische Vorgehen als auch die eher theoretische Seite eines Einsatzes geübt. Wie kann man die Gegenwehr einer Person, die festgenommen werden soll, ausschalten? Wie öffnet man eine Tür, wenn dahinter ein Schwerbewaffneter lauert? Oder die Frage, in welcher Reihenfolge stürmen die Männer eine Wohnung? Dabei findet ständig ein intensiver Austausch mit vielen Stellen statt. Es ist naheliegend, dass eng mit dem AVZ zusammengearbeitet wird: Gibt es einen neuen Sprengstoff, der »lautlos« funktioniert? Ist es auch mit einer kleinkalibrigen Munition möglich, ein bestimmtes Hindernis zu durchschießen? Oder weniger spektakulär: Gibt es neue Kabelbinder, die sich besser als die alten eignen, um Personen rasch und sicher zu fesseln? Die Kooperation mit anderen Stellen ist weniger naheliegend: Was sagen die

■ Im Falle einer Geiselbefreiung müssen möglichst rasch möglichst viele Befreier auf die Täter einwirken können. Auch hierbei ist der zur Verfügung stehende Raum – wie bei vielen Einsatzszenarien der Spezialkräfte – klein. *Foto: KSK*

Psychologen dazu, wie man eine Person von einer Zugriffsaktion ablenken kann? Dabei sind die Variationen schier endlos: Es kann der Anblick einer schönen Frau sein, der eine Person im entscheidenden Moment ablenkt, oder eine Durchsage im Radio. Der Lärm eines Flugzeugs kann die Neugier wecken oder – ganz einfach – ein »versehentliches« Anrempeln in einer Gaststätte die Zielperson vom Zugriff ablenken.

Der Kampf im bebauten Gebiet, und hierbei insbesondere das Stürmen eines Hauses, gilt als besonders schwierig. Der Verteidiger hat dabei viele Vorteile auf seiner Seite: Er kann die Verteidigung bestmöglich vorbereiten und sich die Positionen auswählen, die dem Gegner das Vorgehen besonders erschweren.

Für Spezialeinheiten, zu deren Aufgabenspektrum auch der Kampf gegen irreguläre Kräfte zählt, kommen noch andere Schwierigkeiten hinzu. Geiselbefreiungen aus Häusern oder die Festnahme eines Straftäters aus seiner Wohnung bereiten große Schwierigkeiten. Moderne optische Aufklärungstechnik macht dem Angreifer zwar manches einfacher, aber es bleiben dennoch die besonders schwierigen Zeitpunkte: Der Moment des Eindringens in das Gebäude und das Aufeinandertreffen mit dem Gegner. Man gibt sich große Mühe, den Gegner zu überraschen, damit dieser keine Gegenwehr leisten kann. Dazu werden häufig – wie bereits erwähnt – Ablenkungsmaßnahmen dem Zugriff vorangestellt. Es kann aber auch mehr Wert auf einen besonders schnellen Zugriff gelegt werden, bei dem vorhandene Hindernisse – etwa eine Eingangstür – blitzschnell aus dem Weg geräumt werden.

Diese Gründsätze gelten auch bei den Objekten, deren Erstürmen von Spezialeinheiten immer und immer wieder geübt wird: Bus und Bahn, Flugzeug und Schiff.

Das Stürmen eines Zuges gehört zu den besonders schwierigen Aufgaben. Es ist je nach Typ und Beschaffenheit des Waggons schwierig, aus der Distanz zweifelsfreie Aufklärungsergebnisse zu erzielen. Darüber hinaus muss davon ausgegangen werden, dass an einer Geiselnahme in einem Zug sehr viele Täter beteiligt sind, die sich zum Teil im gesamten Verlauf der Tat nicht zu erkennen geben. Diese Täter werden daher als »Schläfer« bezeichnet. Beim Zugriff der Soldaten ist es erforderlich, dass an vielen Stellen zum gleichen Zeitpunkt angegriffen wird, um möglichst gleichzeitig alle Täter auszuschalten. Nur dann ist es möglich, die Geiseln unversehrt zu retten. Auch das Schießen in einem Zugabteil birgt ganz spezielle Probleme. Als problematisch erweisen sich etwa vorhandene Gepäcknetze mit Metallrahmen. Daran können Projektile abprallen, was nicht passieren sollte, aber passieren kann. Denn die Grundvoraussetzung jedweden Schusswaffeneinsatzes bei einer Geiselbefreiung ist es, dass der Feuereinsatz mit größtmöglicher Präzision erfolgt. Auch in der größten Hektik, bei ungünstigsten Bedingungen, muss mit kühlem, ruhigen Kopf geschossen werden. Hilfreich ist die Verwendung einer für solche Einsätze entwickelten Spezialmunition, die es in unterschiedlichen Kalibern gibt.
Im Kommando Spezialkräfte kommt der Auftragstaktik eine besondere Bedeutung zu. Im Gegensatz zur Befehlstaktik wird mit der Auftragstaktik ein hohes Maß an Verantwortung und Entscheidungsfreiheit in die Hände der Führer und auch Unterführer gelegt. Sie entscheiden bei einer abrupten Lageänderung, von der bei spe-

■ Die spektakulärste Geiselnahme in einem Zug ereignete sich im Jahr 1977 in der Nähe der niederländischen Stadt Assen. Molukkische Terroristen hielten 19 Tage lang 85 Passagiere in einem Personenzug gefangen. Schließlich führte eine Anti-Terror-Einheit der niederländischen Marine eine Befreiungsaktion durch, bei der sie vom britischen SAS und von der deutschen GSG9 unterstützt wurde. Dabei wurden sechs der Geiselnehmer, aber auch zwei Passagiere getötet. Wie bei Geiselbefreiungen aus einem Flugzeug oder einem Bus stellt auch bei einem Zug die Enge ein Problem dar. Es kommen noch weitere Schwierigkeiten hinzu. So wird die technische Aufklärung von außen in vielen Zügen konstruktionsbedingt erschwert. Das Schießen in einem Zug erfordert durch dessen Konstruktion ein Höchstmaß an Präzision. Insbesondere in alten Waggons können metallene Gepäcknetze und Mülleimer, aber auch Fensterrahmen zu Querschlägern führen. Die Rückenlehen der Sitzreihen bieten einem Geschoss kaum Widerstand, was besondere Schussdisziplin erfordert. Der Zugriff muss zeitlich exakt aufeinander abgestimmt erfolgen, damit die Terroristen gleichzeitig bekämpft werden können. *Foto: KSK*

ziellen Operationen immer ausgegangen werden muss. Die Voraussetzung für eine effektive Anwendung der Auftragstaktik stellt eine besonders sorgsame Auswahl der Soldaten dar. Weiterhin brauchen sie eine intensive und damit sehr lang dauernde Ausbildung. Kann es da verwundern, dass ein KSK-Soldat eine dreijährige Ausbildung durchläuft?

■ Das Schießhaus des KSK in Calw bietet vielfältige Möglichkeiten, um Szenarien aus dem Bereich Retten & Befreien zu üben. Auf dem Dach des Gebäudes kann ein Hubschrauber landen, oder die Kommandosoldaten verlassen den Drehflügler durch schnelles Abgleiten am Tau. *Foto: KSK*

■ Aufgabe: Ein Täterfahrzeug während der Fahrt stoppen. Die schnelle und wendige Bo 105 eignet sich sehr gut, um einen Pkw zu verfolgen. Links und rechts sitzen Kommandosoldaten und stützen sich mit den Füßen auf den Kufen ab. *Foto: KSK*

■ Die Bo105 zeichnet sich auch durch ihren ruhigen, vibrationsarmen Flug aus. Eine Voraussetzung für die Soldaten, um ihr bewegliches Ziel zu treffen. *Foto: KSK*

■ Der Schütze zielt auf die Haube des Mercedes. In dieser Übung verschießt der Kommandosoldat aus seinem Gewehr PT-Patronen (= Plastik-Trainings-Patronen). Dass dieses Gewehr für die sehr leichten, aber nach Verlassen des Rohrs zunächst hoch rasanten Projektile eingerichtet ist, erkennt man an den blauen Markierungen, die oberhalb und seitlich am Patronenlager angebracht sind. Nach wenigen Metern haben diese Projektile sehr viel Geschwindigkeit verloren, so dass keine größeren Beschädigungen am Fahrzeug zu erwarten sind. Wenn es der Schütze möchte, kann er die auf der Zielfernrohrmontage angebrachte offene Visierung verwenden. Benutzt er das Balkenkorn und die U-Kimme, so ist sein Sehfeld deutlich größer als beim Blick durch das Zielfernrohr. Montiert der Schütze das Zielfernrohr ab, so hat er immer noch die Möglichkeit, sein Ziel durch die am G 36 angebrachte Lochkimme anzuvisieren. Ein Hülsenfänger nimmt die heißen Hülsen auf, damit diese nicht im Hubschrauber umherfliegen. *Foto: KSK*

■ Auf das G 36 können zahlreiche unterschiedliche Zielhilfen auf- und angebaut werden. *Foto: KSK*

Die Scharfschützen des KSK

Die Anfänge des modernen Scharfschützenwesens

Jäger, die über ihr Hobby berichten, neigen zu Übertreibungen: Das berühmte »Jägerlatein«. Wenn ein Weidmann schildert, wie er auf unglaubliche Entfernung anlegte und den kolossalen So-und-so-viel-Ender mit einem Schuss auf den Träger (Hals) niederstreckte, weckt das auch unter Nichtjägern Argwohn. Das Misstrauen nähren häufig die persönlichen Erfahrungen im Umgang mit Schusswaffen. Viele Jugendliche lernen Gewehre auf dem Rummelplatz kennen. In der Schießbude soll der frischgebackenen Freundin als Liebesbeweis eine Rose geschossen werden. Aber trotz größter Mühe gelingt kein Treffer auf das Kunststoffröhrchen, in dem der Stiel der Roten aus Plaste steckt. Nur die links und rechts davon steckenden kleinen Buttons purzeln zu

■ **KSK-Scharfschütze mit G 22. Das vom englischen Wettkampf-Schützen Malcolm Cooper entwickelte *Accuracy International Arctic Warfare – Folding Stock*, so die Firmenbezeichnung, lässt kaum Wünsche offen. Besonders am vielfach verstellbaren Schaft erkennt man die Handschrift des Goldmedaillengewinners der Olympischen Spiele von 1984. Ein kurzer Schlagbolzenweg von lediglich sechs Millimetern ermöglicht eine sehr kurze Schussentwicklungszeit. Bei Entfernungen von unter 100 m kann der Einfluss des Windes auf das Geschoss der Patrone .300 Winchester Magnum (7,62 mm x 67) völlig vernachlässigt werden.**

Boden. Nachdem ein Dutzend Mal abgedrückt und fünf Euro investiert wurden, zieht man recht enttäuscht ab und weiß, dass mit den »Kirmes-Flinten« buchstäblich kein Blumentopf zu gewinnen ist.

Nicht wenige Männer – und Frauen – erleben, dass die bei der Bundeswehr verwendeten Gewehre auch nicht mehr taugen: »Fahrkarten«, bestenfalls Treffer am Rand der Scheibe, aber kein Schuss liegt im Zentrum. Obwohl der Unteroffizier doch erklärt hat, wie gezielt und getroffen wird.

Wer diese Erfahrungen gesammelt hat, wird misstrauisch, wenn er von den legendären Schützen hört, die im Amerikanischen Unabhängigkeitskrieg (1775–1783) mit Vorderlader-Gewehren auf Entfernungen von 600 Yards (rund 540 Meter) ihr Ziel trafen. Und mit diesen Vorbehalten liegt der Skeptiker gar nicht falsch. Es gibt aus den frühen Zeiten der Scharfschützen zwar eine Hand voll derartiger Geschichten, aber niemand berichtet über die Fehlschüsse, die im Felde mit Pennsylvania-Langbüchsen und anderen sagenumwobenen Schießgeräten erzielt wurden. Und die kritische Grundhaltung sollte auch »Wissenschaftlern« entgegengebracht werden, die unter Laborbedingungen die alten Waffen testen und sodann verkünden, welche Präzisionsgeräte die alten Büchsenmeister bereits herstellen konnten.

Der Unterschied zwischen den Schießleistungen eines »normalen« Infanteristen und eines Scharfschützen des frühen 21. Jahrhunderts lässt sich formelhaft beschreiben: Um auf eine Distanz von 300 Metern ein Ziel in der Größe einer 50 mal 50 Zentimeter großen Scheibe zu treffen, braucht es einen durchschnittlich befähigten Schützen und ein gutes Gewehr. Wenn sich die Distanz verdoppelt und sich gleichzeitig die Größe des Ziels halbiert, es zudem noch regnet und bereits dämmert und ein stattlicher Seitenwind weht, erhöht sich der Anforderungskatalog an den Scharfschützen gewaltig. Wer unter diesen Bedingungen sicher treffen will, braucht eine bestmögliche, intensive Ausbildung, ein speziell für solche Zwecke entwickeltes und ausgerüstetes Gewehr, die darauf abgestimmte Munition und – nicht zuletzt – eine leistungsstarke Zieloptik.

Unter Militärhistorikern besteht weitgehende Einigkeit darüber, dass man von einem modernen Scharfschützenwesen seit dem Ersten Weltkrieg (1914–1918) sprechen kann und die Deutschen die Väter dieses Zweigs der Infanterie waren. Bereits Anfang des 20. Jahrhunderts hatte man im Kaiserreich Versuche unternommen, die effektive Kampfentfernung des Infanteristen im Felde zu steigern. Dabei erprobten Musketiere, Schützen, Jäger oder Grenadiere auch mit Zielfernrohren bestückte Gewehre. Es zeigte sich aber, dass die optischen Zusatzaufbauten das Ziel zwar näher heranholten, sich dadurch aber die Trefferwahrscheinlichkeit auf größere Entfernungen – wenn überhaupt – nur unwesentlich gegenüber einer normalen Kimme-Korn-Visierung steigern ließ. Ein nützlicher Effekt war aber zweifelsfrei mit der Verwendung der leistungsstarken Optiken verbunden: Die Geräte, die zum Beispiel Carl Zeiss in Jena, die Berliner Firmen C. P. Goerz und Walter Gerard oder Voigtländer & Sohn in Braunschweig produzierten, machten zwar die Nacht nicht zum Tag, sie eröffneten dem Schützen aber die Möglichkeit, auch noch bei Dämmerung zu schießen. Hochwertige Zielfernrohre holen nicht nur das Objekt näher heran, sondern sie bündeln auch das Licht. Man legte in Deutschland aber nicht nur Wert auf leistungsstarke Zielfernrohe und Gewehre – das Gewehr 98 war besser als manche zeitgenössische Experten Glauben machen wollen –, sondern man wählte mit großer Sorgfalt die Männer aus, die Scharfschützen werden sollten. Viele von ihnen waren Jäger, die bereits den Umgang mit Zielfernrohrgewehren kennen gelernt hatten und wussten, worauf es beim Anpirschen an das Wild ankommt. Aus diesen Fähigkeiten formte das Reichsheer seine Scharfschützen. Sie wurden zu Meistern der Tarnung und Taktik. Eine Grundforderung an die Scharfschützen stellte deren hohe Mobilität dar. Dazu gehörte es, in der Regel aus einer Feuerstellung nur einen einzigen Schuss abzugeben, um sich danach eine neue Position zu suchen. Man brachte den Soldaten, deren Erkennungszeichen der Adlerkopf war, bei, sich in jedem Gelände bestmöglich zu tarnen. Dazu verwendete man mitunter außerordentlich komplizierte Aufbauten. Es existieren Berichte über besonders hart umkämpfte Abschnitte der Westfront, in die man künstliche Landschaften mit Baumstumpf- und Felsattrappen einbaute, die einzig dem Zweck dienten, den Scharfschützen eine Deckung zu geben. Besonderen Wert maß die Heeresleitung dem guten *Image* dieser Elite-Soldaten bei: Scharfschütze zu sein, war eine besondere Ehre, und jeder wusste, dass nur die Besten diesem erlesenen Kreis angehörten.

Dass die deutschen Scharfschützen ihre führende Rolle im Verlauf des Ersten Weltkrieges einbüßten, wie es manche britische und amerikanische Autoren schreiben, bezweifeln andere Militärhistoriker. Sicher ist jedoch, dass die Deutschen im Zweiten Weltkrieg den russischen Scharfschützen anfänglich unterlegen waren. Die Ursache hierfür lag in der Vernachlässigung dieses Zweigs der infanteristischen Ausbildung in der Zwischenkriegszeit. Es dauerte daher bis weit ins Jahr 1942, ehe man sich in der Wehrmacht auf die ehemals vorhandenen Fähigkeiten besann. Dann entstanden Scharfschützenschulen, und herausragende Schützen wurden auf Scharfschützenlehrgänge geschickt. Zu den erfolgreichsten deutschen Zielfernrohr-Jägern gehörten Matthias Hetzenauer (3. Gebirgs-Division) mit 345, Joseph Allerberger (3. Gebirgsdivision) mit 257 und Bruno Sutkus (68. Infanterie-Division) mit 209 bestätigten Abschüssen. Letzterer hält noch einen besonderen Rekord inne, denn er erzielte seine Erfolge innerhalb eines halben Jahres bei den Abwehrkämpfen im Osten 1944/45.*

Mit dem Aufbau der Bundeswehr ging seit Mitte der 50er-Jahre eine Geringschätzung des Kampfwerts des einzelnen Soldaten einher. Man setzte in den Planungen des Erdkampfes auf Panzer und Schnelligkeit. In diesen Szenarien spielte eine aufwändige und kostspielige Scharfschützenausbildung keine Rolle. Diese Einstellung änderte sich erst in den 90er-Jahren** und erfuhr mit der Aufstellung des KSK eine außerordentliche Wandlung. Von weitsichtigen Männern aus der Truppe und bestimmten Einheiten einmal abgesehen, bewertete man erst in Calw das Potenzial, das Scharfschützen in modernen kriegerischen Auseinandersetzungen darstellen, anders.

Scharfschützen im KSK

»Wie soll ich Sie im Buch nennen?«, frage ich den braun gebrannten Stabsfeldwebel, dessen Mundart ihn als Nordlicht ausweist. »Schreiben Sie Ross«, antwortet der mittelgroße, schlanke Mann, dessen muskulöse, tätowierte Unterarme und besonders seine leuchtenden Augen auffallen.

Was »Ross« kann, beschreibt er kühl und sachlich. Er ist Scharfschützenbeauftragter des KSK. 1982 trat er in die Bundeswehr ein, war in der letzten Funktion vor Eintritt ins KSK Zugführer eines Fallschirm-Panzerabwehr-Zuges. 1996 kam er in den Einsatzzug des Calwer Verbandes. Er absolvierte zunächst die Sonderlehrgänge, war eine zeitlang Schießlehrer für Scharfschützen – alter Form »G3 ZF« – und wurde dann aufgrund seiner Qualifikation zum Scharfschützen-Truppführer ernannt. Der Stabsfeldwebel besitzt alle Schießlehrer-Lehrgänge, die infanteristisch von Bedeutung sind: Handwaffen, G 22, Panzerabwehrhandwaffen, Milan und 20 Millimeter MK. Ross schießt mit seinem zivilen Zielfernrohr-Gewehr beim *Bund Deutscher Militär- und Polizeischützen (BdMP),* und er ist Jäger. Zusätzlich besitzt er einen Wiederladeschein: Er lädt seine Munition für Jagd und Sport selbst. Dies bringt ihm auch für seinen Beruf viel; in dem er sich auch mit den ballistischen Eigenschaften unterschiedlicher Munitions-sorten befassen muss.

Am 1. Juli 1999 wechselte der Stabsfeldwebel von der 1. Kommandokompanie zum Ausbildungs- und Versuchs-Zentrum. Seine Aufgabe besteht seither darin, die erworbenen Fachkennt-

* A.d.L.: In diesem Zusammenhang sei auf das Buch von Peter Brookesmith hingewiesen: *Scharfschützen. Geschichte, Taktik, Waffen.* Motorbuch Verlag, Stuttgart 2003.
Eine Rarität stellt die Biografie des 2003 verstorbenen Bruno Sutkus dar, die auf einer ausgezeichneten Dokumentenlage und nüchterner Schilderung eigener Fronterlebnisse beruht: *Im Fadenkreuz. Tagebuch eines Scharfschützen.* Munin Verlag, Pluwig 2004.
Bezeichnenderweise geht aus den meisten Schilderungen von bzw. über Scharfschützen hervor, dass die alleinige Tatsache, ein hervorragender Schütze zu sein, für diese Aufgabe noch lange nicht genügt.

** Siehe dazu Wilhelm Probst: *Kampfschwimmer der Bundesmarine. Innenansichten einer Elitetruppe.* 2. Auflage. Motorbuch Verlag, Stuttgart 2003.

■ **Die Ausrüstung der Scharfschützen des KSK. Neben den G 22 im Kaliber .300 Winchester Magnum und der größeren Version in .50 BMG (12,7 mm x 99) gehören dazu die schallgedämpfte Pistole P 12 im Kaliber .45 ACP, das MG 8, ebenfalls von Heckler & Koch, und zahlreiche weitere Waffen. Der Schwerpunkt der Scharfschützen liegt im Einsatz aber nicht im Schießen, sondern in der Beobachtung des Gegners und im Sammeln so genannter *Schlüsselinformationen.* Dazu dienen ihnen qualitativ hochwertige optische Geräte wie der Laser-Entfernungsmesser Vector IV oder ein 30-fach vergrößerndes Zeiss-Spektiv. Auch für die Beobachtung in der Nacht verfügen die KSK-Soldaten über eine vielfältige Ausrüstung, zu der das Nachtsichtgerät NSV 80 gehört. Der zottelige Tarnanzug wurde dem schottischen Vorbild – dem *Ghillie Suit* – nachempfunden.**
Foto: KSK

nisse auf das KSK zu übertragen und die Ausbildung der KSK-Scharfschützen zu leiten.

Dieses Wissen mussten sich Ross und seine Kameraden, die am Aufbau des Scharfschützenwesens in Calw beteiligt waren, möglichst schnell aneignen. Daher gingen sie im Jahr 1996 bei denen in die Lehre, die am meisten von diesem Bereich verstanden. Dabei nahmen die Deutschen nicht als Beobachter an den Lehrgängen teil, sondern stets als »*Students*«. Sie waren »Anfänger«, schossen immer mit den Waffen und der Munition der jeweiligen Einheit und gemäß deren Bestimmungen und Vorgaben. Diesen Grundsatz übernahm das KSK. Wer als Gast in den Schwarzwald kommt, schießt mit den beim KSK eingeführten Waffen.

Die erste Dienstreise führte Ross zur GSG 9. Bei der Spezialeinheit des Bundesgrenzschutzes, der 2005 in Bundespolizei umbenannt wurde, absolvierte er zunächst eine mehrwöchige Ausbildung. Dort roch er erstmals in das Präzisionsschützenwesen hinein und machte einige Zeit später einen Präzisionsschützen-Lehrgang mit. Anschließend besuchte er einen englischen Sonderverband, wo er die Gelegenheit erhielt, sich weiter mit der Materie zu befassen. Bei einer amerikanischen Einheit nahm der Deutsche an einem *Special Operation Target Interdiction Course (SOTIC)* teil. Danach stand Israel auf dem Programm, dort durchlief Ross eine sehr hochwertige *CT- (Counter Terrorist)* und *IS*-Ausbildung *(Infantry Sniper).*

■ **Zwei Ausführungen des G 22: Hinten das G 24 im schweren MG-Kaliber .50 BMG (12,7 mm x 99), vorn das eigentliche G 22, eingerichtet für die Patrone .300 Winchester Magnum (7,62 mm x 67).**

Ziel dieser Reisen war es, bei befreundeten Einheiten möglichst schnell möglichst viel zu lernen, um daraus dann ein eigenes Konzept für die KSK-Scharfschützen zu entwickeln. Bald wurde augenfällig, wie unterschiedlich die einzelnen Einheiten in gleichen oder ähnlichen Feldern ausbilden.

Die in Sankt Augustin stationierte GSG 9 steht für den Aufgabenbereich des polizeilichen *CT* weltweit an der Spitze. Allerdings konnte das KSK nicht einfach alles von der GSG 9 übernehmen; denn deren Vorgehen ist immer gebunden an die rechtlichen Gegebenheiten der Polizei. Im Lehrgang in Sankt Augustin wurde ein breites Spektrum von Themen angeschnitten. Dazu gehörten das polizeiliche Präzisionsschützenwesen, ebenso der Raumkampf und darüber hinaus die vielfältigen Fertigkeiten, die einen poli-

■ **Die Scharfschützen des KSK traten bereits 1997 nicht in schwarzer Uniform, sondern im Tarnanzug auf. Zu ihren Aufgaben zählt es auch, das Vorgehen ihrer Kameraden bei Geiselbefreiungen zu decken.**
Foto: Frank Weissert, www.kimme-korn.de

■ Die Schießausbildung im KSK unterscheidet sich in vielen Punkten von der in der übrigen Bundeswehr. Die Kommandosoldaten schießen auch dicht nebeneinander stehend.

zeilichen Eliteverband auszeichnen. Einige Zeit später absolvierten die Soldaten des KSK bei der BGS-Einheit eine speziell auf die Anforderungen des *CT* – insbesondere Geiselbefreiungen – abgestimmte Scharfschützen-Ausbildung. Vieles konnte das KSK von der GSG 9 lernen, zum Beispiel deren Kommando-Sprache, die grundsätzlich von der militärischen Befehls- und Kommandosprache abweicht. Viele Inhalte waren für die Calwer neu. So zum Beispiel die Art und Weise, in der die GSG 9 das Schießen auf sich bewegende Ziele übt. Die BGS-Beamten trainieren diese Szenarien auf einer der modernsten Schießanlagen der Welt.

Auch von den Engländern, die damals mit dem Gewehrmodell PM von Accuracy International schossen, konnte das KSK viel lernen. Dort brachte man den Deutschen bei, wie wichtig es ist, die Funktionsweise der Waffen des Gegners zu kennen. Wenn man mit dem russischen AK-47 das Ziel treffen will, muss man wissen, dass diese Waffe bei einem längeren Feuerstoß »klettert«. Man muss darauf reagieren und unter das Ziel halten. Auf der Insel ging man mit den Sicherheitsbestimmungen gänzlich anders um als damals noch bei der Bundeswehr. Als Reaktion auf diese Erfahrungen änderte man die deutschen Vorschriften und passte sie an die Notwendigkeiten an, die eine professionelle Scharfschützen-Ausbildung erfordert. Als eine Folge dieses Lernprozesses reduzierte das KSK den Gefahrenbereichswinkel. Zuvor galt, dass nur dann geschossen werden durfte, wenn der Winkel zwischen dem Ziel und dem nächststehenden Kameraden mindestens 30 Grad betrug. Man verringerte den Winkel auf nur noch 1 Grad. Anders ausgedrückt: Während man vorher einkalkulierte, dass Fehler gemacht werden, verzeiht das neue Konzept keinen Fehler mehr, sei er auch noch so klein. Brigadegeneral Dieter kommentierte diese innerhalb der Bundeswehr hauptsächlich für das KSK geltende Neuerung lakonisch: »Wir können das tun, weil wir besser sind.«

In der Folgezeit waren immer wieder Anpassungen der Sicherheitsbestimmungen an das Trainingskonzept erforderlich. Was vorher kaum denkbar gewesen wäre, bereitete kaum Probleme: Das KSK legte die Notwendigkeiten fest, und daran wurden die Sicherheitsbestimmungen angepasst.

Wichtige Erkenntnisse sammelten die deutschen »*Students*« in Amerika. Bei den Spezialverbänden jenseits des Großen Teichs stand die *Sniper*-Ausbildung im Vordergrund. Dabei aber nicht *CT*, sondern der »grüne« Bereich. Die KSK-Soldaten lernten das Schießen auf große Entfernungen mit dem bei der US-Armee eingeführten ZF-Gewehr M-24 kennen. Dazu war das Aneignen von Fähigkeiten notwendig, denen in der Ausbildung zuvor nicht die notwendige Bedeutung beigemessen worden war. So lernten die Calwer, den Wind zu »lesen«. Grundsätzlich anders war auch das Anschießen der Gewehre. In der Bundeswehr wurde damals noch geschossen, kontrolliert, ob man getroffen hatte und dann – wenn notwendig – die Visierung bzw. das ZF korrigiert: »Man drehte mehr oder weniger sinnvoll rum und hoffte, danach zu treffen«. Die Amerikaner hatten seit Ende des Zweiten Weltkriegs viel gelernt und ihre Scharfschützen systematisch weiterentwickelt. Insbesondere studierten sie anhand vorgefundener Unterlagen und Berichte auch das deutsche Scharfschützenwesen und übernahmen so manches wichtige Detail. Insofern floss ein halbes Jahrhundert später manches an teuer erworbenem Fachwissen und Fronterfahrung wieder zurück. So schärften die Amerikaner den KSKlern ein, wie wichtig die Zusammenarbeit zwischen dem Schützen *(Sniper)* und dem Beobachter *(Spotter)* ist. Dazu gehört es auch, dass vor jedem Schuss auf größere Distanzen die Witterungseinflüsse berücksichtigt werden. Dazu zoomt der Beobachter mit dem Spektiv auf unterschiedliche Entfernungen und »liest« den Wind. Wenn man zum Beispiel auf 800 m schießen möchte, betrachtet man die Windverhältnisse bei 200, 400, 600 und 800 m. Selbstverständlich beachtet man auch, ob es irgendwo auf der Gesamtstrecke noch Faktoren gibt, die den Flug des Projektils beeinflussen. Um den Wind richtig einzuschätzen, gibt es verschiedene Parameter: sich bewegende Grashalme, Blätter an den Bäumen, Staubfahnen oder die Mirage – aufstei-

■ Es gibt verschiedene Möglichkeiten, um auf die äußeren Einflüsse zu reagieren, welche die Geschossflugbahn verändern. Bei kleinen Abweichungen ist es zweckmäßig, diese durch Verstellung des Zielfernrohrs auszugleichen. Der Schütze »klickt« nach links oder rechts, nach oben oder unten. Der Mechanismus hochwertiger Zielfernrohre verfügt über kleine, gefederte Kügelchen als Rasten, die jede Verstellung mit einem hörbaren »Klick« quittieren.

■ Mit dem 30-fach vergrößernden Zeiss-Spektiv lassen sich feinste Einzelheiten erkennen. 90 Prozent der Scharfschützentätigkeit entfallen auf die Aufklärung. Die Scharfschützen besuchen daher zahlreiche Video- und Fotolehrgänge, um für ihren Aufklärungsauftrag bestmöglich gerüstet zu sein. Eine weitere wichtige Aufgabe besteht in der Kameraden-Sicherung, zum Beispiel beim »Retten und Befreien«.

gende Hitzeschlieren. Aus den mitunter unterschiedlichen Windgeschwindigkeiten wird ein Mittelwert gebildet. Diesen Korrekturwert gibt der Beobachter dem Schützen vor. Darauf kann dieser auf zweierlei Art reagieren. Entweder korrigiert er seinen Haltepunkt: Bei schwachem Wind von rechts wählt er seinen Zielpunkt dann zum Beispiel 30 Zentimeter rechts vom Zielobjekt. Oder er verstellt die Optik, indem er an den Stellrädern des Zielfernrohrs dreht. Nach dem Klicken – die Zielfernrohre sind mit Drehrädern zur Höhen- und Seitenverstellung ausgestattet, die dem Schützen die Verstellung durch ein hörbares Rasten anzeigen – kann der Scharfschütze dann sein Ziel »Fleck« anvisieren. Ross fasst die Philosophie des Schießens in Abwandlung einer alten Jägerweisheit (»Der Lauf schießt, aber der Schaft trifft«) so zusammen: »Der Scharfschütze schießt und der *Spotter* trifft.«

Von den Amerikanern lernten die Deutschen auch, wie die *»Trace«* – die Spur des Geschosses – genutzt werden kann. Wenn der Beobachter sein Fernglas in einer bestimmten Position hinter dem Schützen aufbaut, kann er den Flug des Projektils beobachten, weil dieses hinter seinem Heck Hitzeschlieren bildet. So ist es möglich, die Ablage des Geschosses zu bestimmen. Hohe Luftfeuchtigkeit ist für diese Art der Beobachtung günstig, wenn es knochentrocken ist, ist das Erkennen der Spur schwieriger. Dieses Verfahren funktioniert natürlich nur bei Tag. Aber die meisten Scharfschützen-Schüsse werden bei Tageslicht abgegeben. Das größte Problem bei Nacht ist nicht, auf große Entfernung ein Ziel auszumachen – das funktioniert mit dem Nachtsichtgerät NSV 80 recht gut. Schwierig ist es aber, bei Dunkelheit den Wind zu berücksichtigen. In der gesamten Bundeswehr wurde daher die maximale Kampfentfernung in der Nacht reduziert.

Auf den Auslands-Lehrgängen lernten die Deutschen beide Bereiche kennen: Das Ausschalten von Gegnern auf unterschiedliche Entfernungen und den Bereich der Geiselbefreiungen. Auch für die Schießtechniken sammelten die Calwer bei befreundeten Einheiten wertvolles Wissen. Ein Problem stellt für einen Scharfschützen häufig der Bewuchs dar. Früher lag er meist hinter seinem Gewehr, das auf einem Zweibein aufgesetzt bzw. auf einen Sandsack aufgelegt war. Diese Stellung ist im Gebirge beim Schießen bergab nicht möglich. Das KSK passte aufgrund dieser Erkenntnisse seine Gebirgs-Kampfausbildung an. Es wurde das Schießen so geändert, dass auch über einen Bewuchs, steil bergauf oder steil bergab geschossen werden kann. Mittlerweile wird weltweit die Mehrzahl der Schüsse nicht mehr im Liegen abgefeuert, sondern im Stehen, im Sitzen oder in einem »Sonderanschlag«. Von den Briten übernahm das KSK für Schüsse, die bergab gefeuert werden müssen, die *»Back-Position«*. Dabei liegt der Schütze auf dem Rücken und legt seine Waffe vor sich auf dem Oberschenkel ab.

Da sich für das KSK eine Geiselbefreiung nicht von vornherein in einem »polizeilichen Tätigwerden« erschöpft, sondern sie häufig in feindlichem Gebiet durchgeführt werden muss, ergibt sich eine Gemengelage: Zum einen Teil muss der KSK-Soldat denken und handeln wie ein Polizist, der in einer Geisellage das Leben der Geiseln schützt und die Täter ausschaltet. Zum anderen Teil haben es die Soldaten bereits im Vorfeld einer Befreiungsaktion mit Gegnern zu tun, die es auszuschalten gilt. Das Abkrümmen – also die eigentliche Schussabgabe – ist bei Polizisten wie Soldaten trotz unterschiedlicher Aufträge fast gleich. Deutliche Unterschiede treten zutage, wenn das KSK an ein Objekt herangeht. Die Soldaten »infiltrieren«: Sie nähern sich so, dass sie sowohl vom Feind als auch von Neutralen nicht gesehen werden. Diese Vorgabe gilt auch, wenn es bis zu diesem Zeitpunkt nicht zu feindlichen Aktionen der Gegenseite gekommen ist. Nur wenn eigene oder NATO-Kräfte vor Ort sind, kann das KSK ähnlich vorgehen wie die Polizei. Dann hat das Nicht-Gesehen-Werden keinen Vorrang. Ross: »Derjenige, der uns sehen soll, der wird uns sehen. Und derjenige, der uns nicht sehen soll, der wird uns auch nicht sehen. Es gilt der Grundsatz: Kenntnis nur wenn nötig.«

■ Die Briten entwickelten die *»back position«* für das Schießen im Gebirge. Der Schütze liegt dabei auf dem Rücken und legt das Gewehr auf dem Oberschenkel ab. Bei Schüssen in sehr steilem Winkel muss berücksichtigt werden, dass sich die Verbrennungszeit des Pulvers verändern kann. Die Scharfschützen des KSK üben häufig unter wechselnden Bedingungen, um möglichst viele Einflussfaktoren kennen zu lernen.

■ Repetierer sind gegenüber Halbautomaten im Scharfschützeneinsatz immer noch im Vorteil; denn beim Selbstlader kommt beim Nachladen eine Bewegung in die Waffe, die der Schütze nicht kontrollieren kann. Auf 100 m spielt das keine Rolle, aber bei größeren Entfernungen durchaus. Nur ein unerfahrener Schütze schießt mit einem Halbautomaten schneller, wenn es um Präzision geht. Beim Repetierer kann der Schütze das Ziel stets im Auge behalten. Nach dem Schuss wird die Hülse aufgesammelt, denn anhand dieser könnte der deutsche Schütze vom Gegner ermittelt werden.

Dieser Grundsatz wird nicht nur im Einsatz verfolgt. Der Stabsfeldwebel erläutert, dass sogar in der eigenen Einheit nicht jeder weiß, wo sich der andere im Einsatz befindet. Dies bringe oft für die Neuen Probleme, aber wenn man länger im Verband sei, dann akzeptiere man das. Frauen und Freundinnen wissen, welchen Aufgabenbereich der Freund oder Mann hat, ob er im Kosovo oder in Afghanistan ist. Aber selbst die engsten Familienangehörigen wissen nicht, was der KSK-Soldat dort macht. Ross ist sich bewusst, dass viele Frauen diese Unsicherheit auf Dauer nicht ertragen können. Auch aus diesem Grund liegt die Scheidungsrate unter den KSK-Soldaten sehr hoch.

Die vielfältigen Erfahrungen, welche die Scharfschützen des KSK im In- und Ausland sammelten, führten 1998 zu einem markanten Einschnitt. Das KSK kapselte sich, wie schon Jahre zuvor die Kampfschwimmer, von der in der übrigen Bundeswehr betriebenen Infanterie-Scharfschützenausbildung völlig ab. Seither werden alle Scharfschützen-Lehrgänge im KSK in eigener Regie durchgeführt.

■ MP 5 SD. Bei Geiselnahmen kam es vor, dass die Täter beim Beginn des Zugriffs das Feuer auf ihre Geiseln eröffneten. Daher ist es bei Einsätzen aus dem Bereich »Retten & Befreien« mitunter sinnvoll, Schalldämpfer zu verwenden. Damit kann zum Beispiel ein vor dem Haus postierter Wächter lautlos ausgeschaltet werden.

■ Die P 12 bringt mit leerem Magazin rund 920 Gramm auf die Waage. Das Magazin fasst zwölf Patronen .45 ACP. Auf den 129 Millimeter langen Lauf lässt sich ein Schalldämpfer aufschrauben. Daher mussten Kimme und Korn etwas vergrößert werden. Der Schalldämpfer kann für Scharfschützen von Bedeutung sein; denn nicht selten müssen sie auf dem Weg zu ihrer Feuerstellung Gegner bekämpfen. Unter der Waffe befindet sich ein Laser. Diese Technik eröffnet dem Schützen neue Möglichkeiten. Der rote Punkt markiert die Stelle, an der das Projektil auftreffen würde, wenn der Schütze sauber den Abzug betätigt. So kann er sich voll und ganz auf die Einsatzsituation konzentrieren. Der gerade bei schlechten Lichtverhältnissen oft mühselige Zielvorgang wird wesentlich vereinfacht.

■ Der Tarnanzug, häufig nach seinem schottischen Vorbild als *Ghillie Suit* bezeichnet, hilft dem Scharfschützen, mit seiner Umgebung zu verschmelzen. Bei der Tarnung gilt für Scharfschützen des KSK die Faustformel: 80 Prozent des Tarnmaterials sind natürlichen Ursprungs, der Rest besteht aus künstlichen Materialien.

■ Der Scharfschütze bereitet sich auf jeden Einsatz intensiv vor. Er wertet Luftbilder und Karten aus und erstellt ein Höhenschichtlinien-Profil. So erkennt er Deckungsmöglichkeiten auf dem Weg zur Stellung. Seinen Marschweg lernt der Scharfschütze auswendig, so dass er keine Karte mitführen muss. Der Sonnenstand wird berücksichtigt, wenn der Schütze sich den Zeitpunkt der Schussabgabe aussuchen kann. Denn es macht einen Unterschied, ob die Sonne von der Seite, von vorne oder von hinten scheint. Vor dem Einsatz gibt der Scharfschütze – wenn möglich – mehrere Schüsse ab. In der Regel schießt er fünf Schuss, dann sind auch die letzten Ölreste aus der Waffe beseitigt und er kann sicher sein, dass sich an der Treffpunktlage nichts verändert hat. Im Einsatz wird nur selten mit Schalldämpfer geschossen. Das lange, freischwingende Rohr des Gewehrs reagiert auf jede noch so kleine Veränderung mit einer Veränderung des Schwingungsverhaltens, dies hat wiederum Auswirkungen auf die Ablage.

■ Die Annäherung findet in der Regel bei Nacht statt. Immer wieder beobachtet der Scharfschütze dabei die Umgebung. Dazu eignet sich das Fernglas Vector IV von Leica mit siebenfacher Vergrößerung und einer Dämmerungszahl von 17,15 gut. Es lässt sich mit einem Nachtsichtgerät kombinieren. Außerdem verfügt es über einen Laser-Entfernungsmesser mit einem Messbereich von 5 bis 4000 m, einen digitalen Magnetkompass, einen Neigungsmesser und einen Rechner.

■ Mitunter sind auch einfache Dinge unverzichtbar: Bei der Tarnung der Stellung leistet eine Gartenschere wertvolle Dienste.

■ Bleibt keine Zeit zum Tarnen, muss eine Tarndecke genügen. Dies kann aber immer nur eine Notlösung sein.

Was muss ein KSK-Scharfschütze können?

Im KSK beantwortet man diese Frage vergleichsweise einfach. Das »scharfe Auge« wird vom Arzt diagnostiziert. Die »ruhige Hand« ist eine Folge der überdurchschnittlichen Fitness des KSK-Soldaten. Ähnliches gilt für das immer wieder von Scharfschützen geforderte »gute Erinnerungsvermögen«. Im Eignungs-Feststellungs-Verfahren nehmen die Psychologen dieses Merkmal unter die Lupe. Wer das EFV besteht, besitzt auch diese Fähigkeit. Das KSK setzt auf andere Kriterien. Von größter Bedeutung ist die Freiwilligkeit. Niemand wird im KSK dazu gezwungen, Scharfschütze zu werden. Ross fasst die Einstellung des KSK zusammen: »Es ist möglich, aus jedem KSK-Soldaten einen guten Scharfschützen zu machen. Wer sehr gute Anlagen besitzt, aus dem kann man einen sehr guten Scharfschützen machen.« Ein angehender Scharfschütze muss sich über seine zukünftige Aufgabe vom ersten Tag an im Klaren sein. Das KSK lässt da keine Zweifel aufkommen. Ein Scharfschütze muss im Einsatz zuverlässig Gegner ausschalten können.

Auch körperlich verlangt diese Tätigkeit einiges ab. Ein Scharfschütze muss früher draußen sein, länger frieren, länger draußen bleiben. Er darf dies nie als Strafe deuten, sondern muss verinnerlichen, dass dies zu seiner Berufung gehört. Diese Haltung muss sich bereits in der Ausbildung widerspiegeln. Ross vergleicht: »Ein Sportschütze geht rein, wenn das Wetter schlecht ist. Ein Scharfschütze geht dann raus, weil er dann die meisten Erfahrungen sammeln kann.« Man gibt sich in der Ausbildung sehr viel Mühe, einsatznahe Bedingungen zu schaffen. Die Männer üben daher regelmäßig mit leerem Magen und übermüdet. Der Tag des Scharfschützen beginnt um 06.20 Uhr mit dem Verladen der Ausrüstung, dann wird gefrühstückt, dann das Schießtraining

■ Scharfschütze im Anschlag.

durchgeführt und im Anschluss daran findet die taktische Ausbildung statt. Der Tag endet um 22.00 Uhr. Es sei denn, es ist ein Nachtschießen angesetzt. Dann ist um 02.00 oder um 03.00 Uhr Feierabend. Der nächste Tag beginnt wieder um 06.20 Uhr »So ist sichergestellt, dass die Jungs auch wirklich übermüdet sind. Das einzige, was ich meinen Männern auf jeden Fall sage, ist, dass sie am Montag nicht vor den anderen zum Dienst erscheinen müssen und am Freitag haben sie in Calw um 12.30 Uhr Dienstschluss. Dazwischen gehören sie mit Haut und Haaren dem Verband.«

Ross ist Chefausbilder, der »*Master Instructor*«, und somit auch verantwortlich für die Ausbildung der Ausbilder. Diese sammelten ihre Erfahrungen als Scharfschützen in den Kampfkompanien. Zwischen Ausbildung und Praxis findet ein ständiger Gedankenaustausch statt. Kommen die Soldaten vom Einsatz zurück, berichten sie über ihre Erlebnisse. Sie erzählen auch, was sie bei anderen Einheiten gesehen und kennen gelernt haben. Diese Erkenntnisse werden, wenn sie für das KSK sinnvoll sind, rasch in die Ausbildung einbezogen. Oder es werden aus den Anregungen der Kommandosoldaten neue Konzepte entwickelt.

Die Aufgabe des Chefausbilders besteht zu Beginn jedes Ausbildungszyklus in einem einwöchigen Training der Ausbilder. Danach werden Gruppen gebildet. Auf jeweils vier »Schüler« kommt ein Ausbilder, der seine Gruppe vom ersten bis zum letzten Tag betreut. Ross hat die Gesamtleitung inne und führt alle ballistischen Unterrichte und einige Sonderlehrgänge durch. Einem seiner Kameraden obliegt die Ausbildung im Tarnen. Auch in diesem Bereich passte sich das KSK den Erkenntnissen anderer Einheiten an. Früher war es bei der Bundeswehr üblich, die Silhouette der Waffe mit Stofffetzen und anderem Material zu verändern. Dies führte mitunter zu einer Veränderung der Treffpunktlage. Seit einigen Jahren verwendet das KSK – nachdem es dazu die Genehmigung erhielt, denn immerhin handelt es sich um wertvolles Bundeseigentum – zur Tarnung der Waffen Farbe aus der Sprühdose.

■ **G 24 im besonders leistungsstarken Kaliber .50 BMG (12,7 mm x 99). Die Patrone geht letztlich auf die von der Munitionsfirma Polte in Magdeburg für das *Tank- und Flieger-MG (TuF)* des Ersten Weltkrieges entwickelte Munition 13 mm x 92 zurück, die dann vor allem im Mauser-Tankgewehr zum Einsatz kam.**

Mitunter werden Gräser mit Gummi an der Waffe befestigt. So kann sie bestmöglich der Umgebung angepasst werden.

Zu den Höhepunkten der Ausbildung gehört eine Übung, in der die Männer den Auftrag erhalten, sich unerkannt einem Ziel auf weniger als 200 m Entfernung zu nähern, um dann zwei simulierte Schüsse abzugeben. Zu diesem Zweck ließ das KSK Platzpatronen für das G 22 anfertigen. Die Annäherung wird vom *»Master Instructor«* und einem weiteren Schießausbilder bewertet. Das Vorgehen der Soldaten wird von *»Oberservern«,* zu Deutsch: Beobachtern, überprüft. Im Zielgelände befinden sich auch neutrale *»Walker«* (Geher), die selbst ausgebildete Scharfschützen sind. Sie werden vom Ausbilder an die Stelle geschickt, an der er glaubt, einen Scharfschützen entdeckt zu haben. Befindet sich dieser tatsächlich dort, bekommt er eine schlechte Note und muss erneut ansetzen. Die Gesamtnote des Schützen setzt sich aus vielen Elementen zusammen: Hat er alles richtig gemacht? Wurde er auch nach dem Schuss nicht erkannt? Hätte der gewählte Anschlag einen treffsicheren Schuss ermöglicht? War die Klickeinstellung des ZF nach Seite und Höhe richtig? Dabei werden die individuellen Vorlieben des Mannes berücksichtigt: Manche schießen mit einem »Kampfvisier« und klicken daher bei einer Entfernung von 200 m auf »300« und wählen einen anderen Haltepunkt, der in diesem Beispiel etwas tiefer liegen würde. Ein offensichtlicher Fehler wäre es allerdings, wenn der Schütze auf 200 m Entfernung 800 m einklicken würde. Für diese Übung, die wieder überflüssigerweise mit einem englischen Begriff als *»Stalking«* (Heranpirschen) bezeichnet wird, wählte man ein Gelände, das die Annäherung auf 200 m zulässt. Es gibt natürlich auch Terrain, das Scharfschützen kaum Möglichkeiten gibt, sich unbemerkt heranzupirschen. Etwa Wüstengebiete ohne Bodenwellen und ohne jeglichen Bewuchs. Selbst aus einer Distanz von 1000 m ist es für einen geübten Beobachter möglich, dort einen Scharfschützen auszumachen.

Das Spezialgebiet des dritten Ausbilders stellt die Observation dar. Er unterrichtet die angehenden Scharfschützen in allem, was mit Beobachtung zu tun hat.

Die Ausbildung zum KSK-Scharfschützen

■ **KSK-Scharfschütze.**

Thema	Dauer	Ziel
Basisausbildung	6 Wochen	*Special Force Sniper:* Bekämpfung von Zielen bis 800 m
Präzisionsschütze R + B (Retten und Befreien)	4 Wochen	Ausschalten von Geiselnehmern
R + B Übungen in Sonderlagen	jeweils eine Woche	Flugzeug, Bus, Bahn, Gebäude (Fabriken, Kernkraftwerke usw.)
Scharfschützengewehr große Reichweite G 24 (12,7 x 99 mm)	1 Woche	Ausschalten von technischen Zielen und Personenzielen auf große Entfernung
Scharfschützenschießen im alpinen Gelände *»long-range-vincle«*	1 Woche	Lehrgang in Österreich
Sicherungsschütze Drehflügler	1 Woche	Feuerkampf vom Hubschrauber aus
Counter Sniping	1 Woche	Bekämpfen gegnerischer Scharfschützen
Klären von Räumen und Gebäuden	1 Woche	Aufbau einer Scharfschützenstellung, Beobachtungsposten

■ Jeden Schuss verzeichnet der Scharfschütze in seinem Buch. Darin stehen auch so wichtige Hinweise wie Angaben über die bei unterschiedlichen Windverhältnissen erforderlichen Korrekturen. Bei einer Windgeschwindigkeit von vier bis sechs Metern pro Sekunde bewegen sich die Blätter an den Bäumen. Etwa bei der gleichen Windgeschwindigkeit bewegen sich Hitzeschlieren horizontal. Der Taschenrechner ist bei unterschiedlichen Berechnungen hilfreich. Und wichtig ist es für den Scharfschützen auch, sich die Geschossflugzeiten immer wieder vor Augen zu halten. Die Tabelle mit den Flugzeiten eines .50er-Geschosses unterstreicht, dass es wenig sinnvoll ist, auf sich bewegende Ziele jenseits einer Entfernung von 700 m zu schießen: Von der Zündung bis zum Auftreffen des Geschosses im Ziel vergeht genau eine Sekunde.

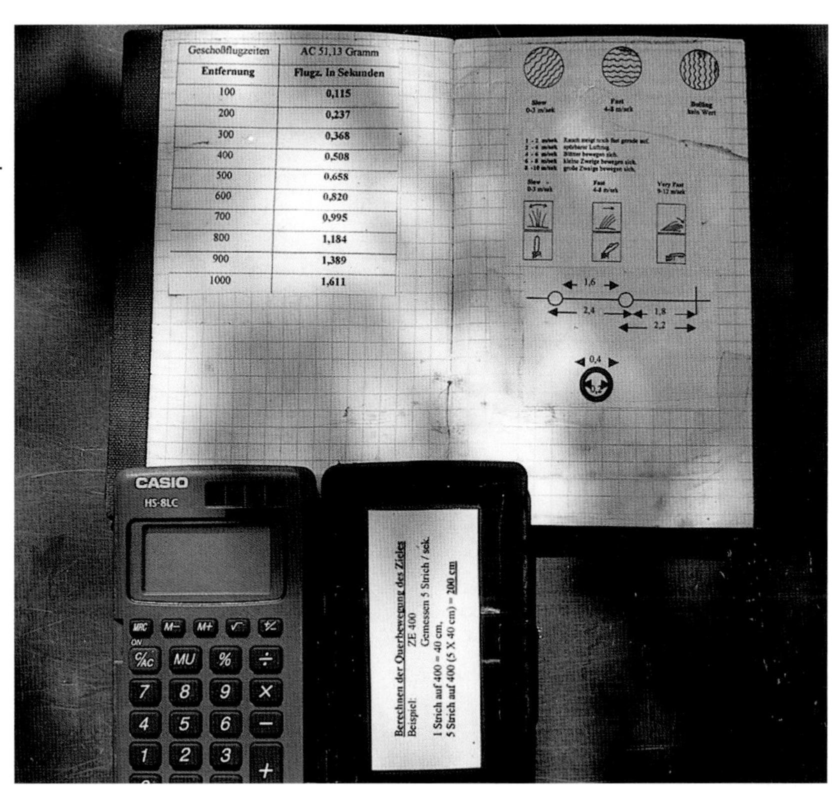

Der vierte Ausbilder schult sie in Entfernungsermittlung und Entfernungsschätzen, wobei er besonders die Einflüsse des Windes berücksichtigt. Darauf legt das KSK gesteigerten Wert; denn der Wind stellt die größte Einflussgröße auf das Geschoss dar. Um den »Wind zu erlernen«, führen die Männer zahlreiche Übungen durch. Dazu werden Hilfsausbilder mit einem Windmesser ins Gelände geschickt. Die Auszubildenden müssen anhand der Bewegung von Gräsern in der Nähe des Ausbilders Windrichtung und -stärke erkennen bzw. einschätzen. Diesen Wert geben sie an den Ausbilder weiter, und dieser nennt ihnen zum Vergleich den tatsächlich gemessenen Wert. So gewinnen die Männer allmählich an Erfahrung und wissen am Ende der Ausbildung, welche Windgeschwindigkeit z.B. notwendig ist, um die Fallschirme des Löwenzahns zum Fliegen zu bringen.*

Am Beispiel des Windes erkannten die Scharfschützen des KSK, dass selbst in einschlägigen Fachbüchern nicht alles richtig wiedergegeben wird. Mitunter kann man feststellen, dass ein Autor vom anderen lediglich abschreibt. So halten sich falsche Bewertungen zum Teil über Generationen. Auch in anderen Bereichen stellte das KSK alles auf den Prüfstand. Ein Thema war der Scharfschütze mit Brille. Für manche Experten ein Ding der Unmöglichkeit; denn angeblich soll ein Scharfschütze ja Augen haben wie ein Adler. Ross hat eine andere Meinung dazu: »Ein Brillenträger kann ein ganz hervorragender Scharfschütze sein. Das einzige Problem stellen die Reflektionen an

* A.d.L.: Der nach dem unvergesslichen Heinz Erhardt sowieso zu den gefährlichsten und kriegerischsten Pflanzen gehört (zitiert aus dem Gedächtnis):
»Löwenzahn ist schon seit jeher als recht kriegerisch verschrien,
denn er lässt bei gutem Winde Fallschirmtruppen feindwärts ziehn.
Und ich sitz auf der Veranda und verzehre meine Suppe
und entdecke in derselben zwei Versprengte dieser Truppe!«

■ **Hat der Scharfschütze seine Feuerstellung (*»Final firing position«*) erreicht und alle Vorarbeiten beendet, kontrolliert er, ob die Flugbahn des Geschosses durch Zweige oder andere Dinge behindert wird. Dazu dient ein Blick durchs Zielfernrohr und durch den Lauf. Beim G 22 lässt sich dafür die Schulterstütze praktischerweise zur Seite schwenken.**

der Brille dar, durch die er vom Gegner leichter aufgeklärt werden kann. Wir sagen nicht, ein Brillenträger ist ungeeignet. Beispiele hervorragender Scharfschützen mit Sehhilfe gibt es bei den *Special Forces* der USA und auch in einer britischen Eliteeinheit.«

Zur Philosophie professioneller Scharfschützen gehört es, dass das Schießen nicht mit dem Treffer endet. Es endet mit der Auswertung des Tages. Wenn die Männer im Lager sind, tragen sie ihre Erfahrungen und die Bedingungen beim Schuss in ihr *»Sniper-Data-Book«* und die *»Sniper-Card«* ein. Dort ist fast jeder Schuss enthalten, den der Scharfschütze jemals dienstlich abgegeben hat. Ein hoch motivierter Schütze möchte immer besser werden, und er wird daher mit Sorgfalt diese Eintragungen vornehmen, auch dann, wenn er müde ist.

Grundsätzlich sieht das taktische Konzept der Scharfschützen zwei Arten von Zielen vor. Zum einen technische Ziele, zum Beispiel eine Raketen- oder Fernmeldestellung, zum anderen die Personenziele, die den größten Anteil ausmachen. Dabei wird unterschieden in wichtige Ziele (militärische Führer oder ein Fernmelder) und gefährliche Ziele (feindlicher Scharfschütze, MG-Schütze, Fliegerfaust-Schütze). Insoweit besteht kein Unterschied zu einem Scharfschützen beispielsweise der Panzergrenadiere. Im Einsatz des KSK kann es aber auch notwendig sein, eine ganz bestimmte Person auszuschalten, zum Beispiel einen gegnerischen Kommandeur. Auf diese Notwendigkeit wird das Training ausgerichtet. Deshalb nimmt die Zielidentifikation einen besonders hohen Stellenwert ein. Jeder Tag der Basisausbildung beginnt daher mit einer Übung zur Zielerkennung. Darüber hinaus gibt es zahlreiche Schießübungen *»Target Indicator«*, zu Deutsch: Zielerkennung. Den Auszubildenden wird dabei eine Person exakt beschrieben: 40-

■ Nach dem letzten Schuss und dem Wegstecken der Patronenhülse ist die Arbeit des Scharfschützen noch nicht beendet. Es folgt die detaillierte Dokumentation der Rahmenbedingungen bei der Schussabgabe.

jähriger Mann, bekleidet mit grüner Jacke, Abzeichen auf der rechten Brust, trägt braune, halbhohe Schnürstiefel. Danach bringt man die Soldaten mit unterschiedlichen Verbringungsmitteln an einen Ort. Dort müssen sie das vorher bezeichnete Ziel zunächst aus näherer Entfernung, bei der Abschlussübung aus einer deutlich größeren Distanz ausschalten. Das Problem an der Sache: In ihrem Zielgebiet befinden sich mehrere Pappkameraden, die sich sehr ähneln. Deren Erkennungsmerkmale werden von den Ausbildern immer wieder verändert. Der Scharfschütze muss jedes einzelne Identifikationsmerkmal feststellen. Erst wenn alle Merkmale mit der Vorgabe übereinstimmen, schießt er. Und eine zeitliche Begrenzung gibt es auch bei dieser Übung: Nachdem das letzte Merkmal am Ziel angebracht wurde, hat der Schütze fünf Minuten Zeit, um seinen Schuss abzugeben. Wenn der Schuss bricht, steht der Chefausbilder etwa drei Meter neben der Zielscheibe; denn er versucht, den Schützen zu erkennen. Ross lobt den hohen Leistungsstand seiner Männer: »Bisher habe ich in der Abschlussübung noch keinen einzigen Mann erkannt«.

Am Ende der Ausbildung erhalten die Männer eine Abschlussnote. Diese setzt sich zusammen aus dem Durchschnitt der Noten für die vier verschiedenen Schießübungen. Hinzu kommt wieder die Durchschnittsnote aus neun Übungen aus dem Bereich der Gefechtsausbildung. Ein weiteres Element stellt die schriftliche Prüfung dar, in der die Soldaten innerhalb von 60 Minuten 100 Fragen aus allen behandelten Bereichen beantworten müssen. Und als letzte Prüfung der *»Final shot«*, also der entscheidende Schuss. Dabei muss ein Schuss unter simulierten schwierigen Einsatzbedingungen abgegeben werden, der mit allem, was dazugehört, von den Ausbildern bewertet wird.

KSK-Nahkampfausbildung

Das Nahkampftraining nimmt auch im deutschen KSK – wie in anderen militärischen Spezialeinheiten weltweit – einen breiten Raum ein. In der Ausbildung zum Kommando-Feldwebel entfallen darauf viele Wochen. Da ihr Aufgabenfeld sehr vielseitig ist, müssen den Soldaten der Kommandokompanien und des Ausbildungs- und Versuchszentrums eine Vielzahl von Möglichkeiten zur Abwehr und zum Angriff vermittelt werden. Diese Aufgabe kann der hauptamtliche Nahkampftrainer nicht allein bewältigen, weshalb er dabei durch seinen Stellvertreter und 18 Nahkampfausbilder in den Einsatzeinheiten unterstützt wird.

Von großer Bedeutung ist eine gute Nahkampfausbildung im Bereich »Retten & Befreien«. Bei diesen Einsätzen wird, sofern möglich, der so genannte *primäre Waffeneinsatz* vermieden. Ähnlich wie Polizeibeamte dürfen auch die Kommandosoldaten bei ihrem Vorgehen nicht die Verhältnismäßigkeit der Mittel aus den Augen verlieren. Dies gilt insbesondere, wenn durch den Waffeneinsatz Kollateralschäden entstünden, also Unbeteiligte oder Unschuldige zu Schaden kämen. Des Weiteren lernen die Kommandosoldaten Techniken kennen, die sich bei Festnahmen als besonders wirkungsvoll erwiesen haben. Dabei handeln die Soldaten wenn möglich nicht allein, sondern zu zweit oder gar zu dritt. Nur dann ist es sozusagen fließend möglich, auch einen körperlich starken Gegner auf den Boden zu zwingen und seine Hände und Füße zu fesseln.

■ Ein Kennzeichen der Nahkampfausbildung beim KSK ist die Gleichzeitigkeit von Abwehr und Angriff: Der Schwinger des Gegners wird mit beiden Händen abgewehrt. Gleichzeitig bringt ein Fußtritt gegen das Knie den Gegner aus dem Gleichgewicht.

Die KSK-Soldaten erlernen darüber hinaus aber auch Möglichkeiten, einen Aufmüpfigen ruhig zu stellen. In diesen Bereichen ähnelt die Ausbildung dem, was deutschen Polizisten in der Selbstver-

■ Bei Festnahmen ist es zweckmäßig, dass mehrere Soldaten auf die festzunehmende Person einwirken. Während einer den Gegner kontrolliert, kann der Kamerad ihn fesseln. *Foto: KSK*

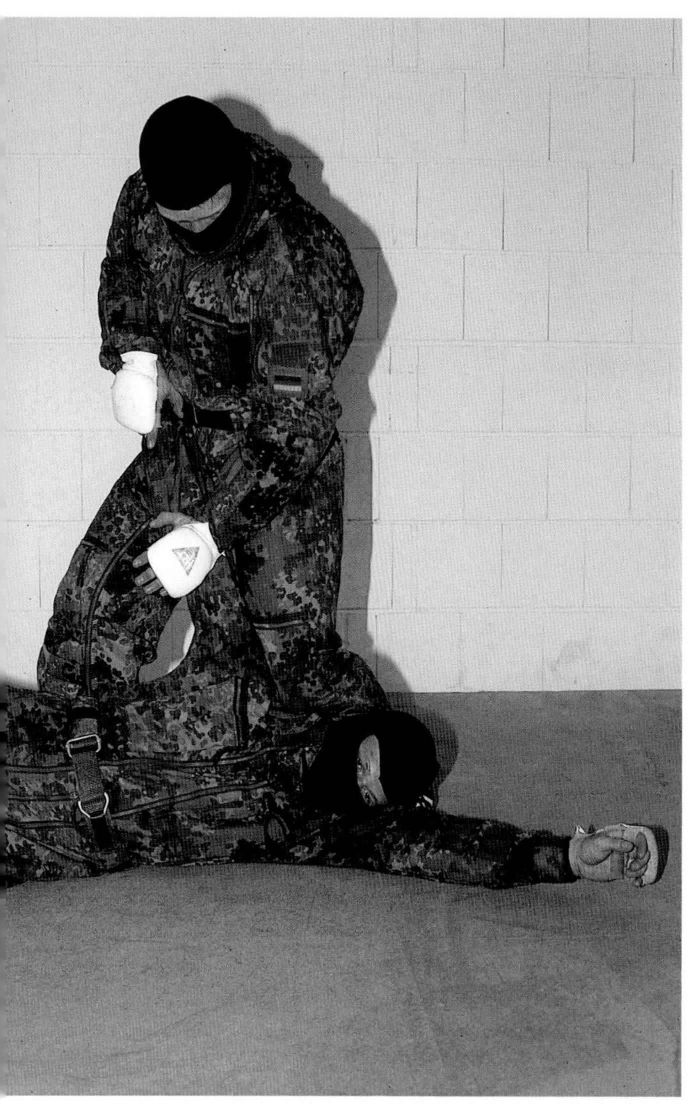
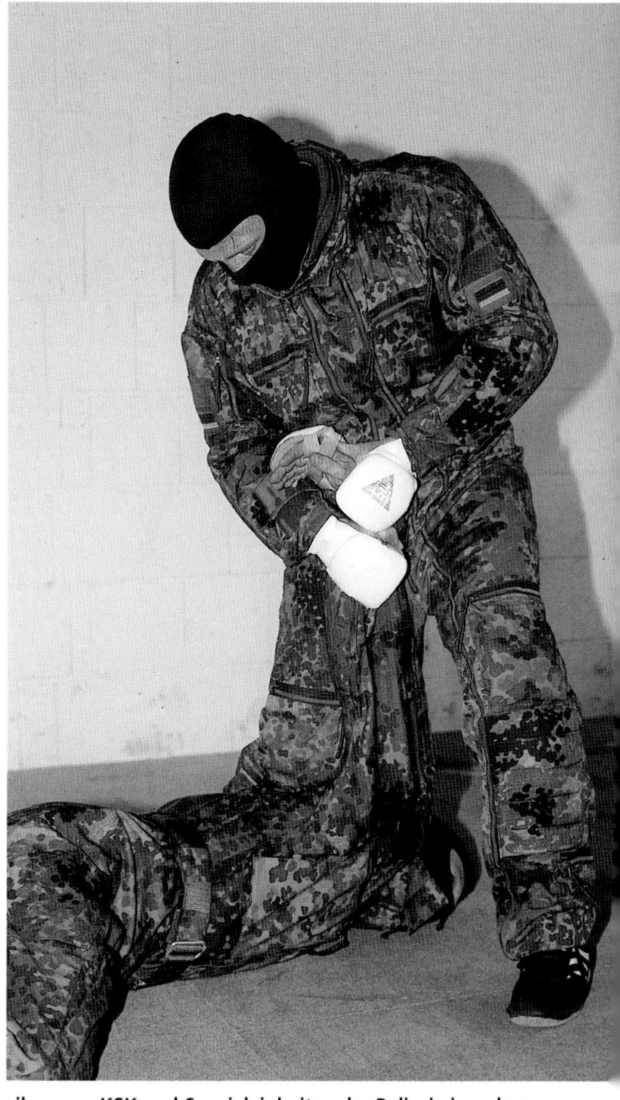

■ Im Bereich »Retten & Befreien« nähern sich die Nahkampftechniken von KSK und Spezialeinheiten der Polizei einander an. Hier kommt es darauf an, den Gegner unversehrt in die Hände zu bekommen. Bei Gegenwehr wird an mehreren Körperstellen gleichzeitig Druck ausgeübt: Am Hand- und Ellbogengelenk, im Schulter- und Halsbereich. Mit der linken Hand wird der Druck auf das schmerzempfindliche Handgelenk beibehalten und gleichzeitig mit der rechten Hand der Unterarm des Gegners umfasst. Der Schmerz ist so stark, dass der Gegner mehr oder weniger problemlos in die Bauchlage gebracht werden kann. Dann werden die Arme hinter dem Rücken gefesselt. Das KSK verwendet keine Handschellen, sondern – wie die meisten Polizisten bei Großeinsätzen – zwei zu einer »Acht« verbundene Plastikfesseln.

teidigungs-Ausbildung beigebracht wird. Auch KSK-Soldaten müssen wissen, wie man einen Widerborstigen beruhigt. Dazu reicht mitunter schon ein kurzes, gekonntes Zwicken am Oberarm oder ein Druck auf eine empfindsame Stelle der Hand. Den KSK-Soldaten wird aber nicht ein bestimmtes Selbstverteidigungs-Programm, wie das bei Polizisten weit verbreitete Ju Jutsu, vermittelt. Dies wäre zu zeitaufwändig und für die anderen Aufgabenstellungen des KSK nicht brauchbar.

Mit dem, was Bundeswehrsoldaten anderer Verbände als Nahkampf kennen lernen, lässt sich die KSK-Ausbildung ebenfalls nicht vergleichen. Das Nahkampf-Training des KSK stellt ein Gemisch

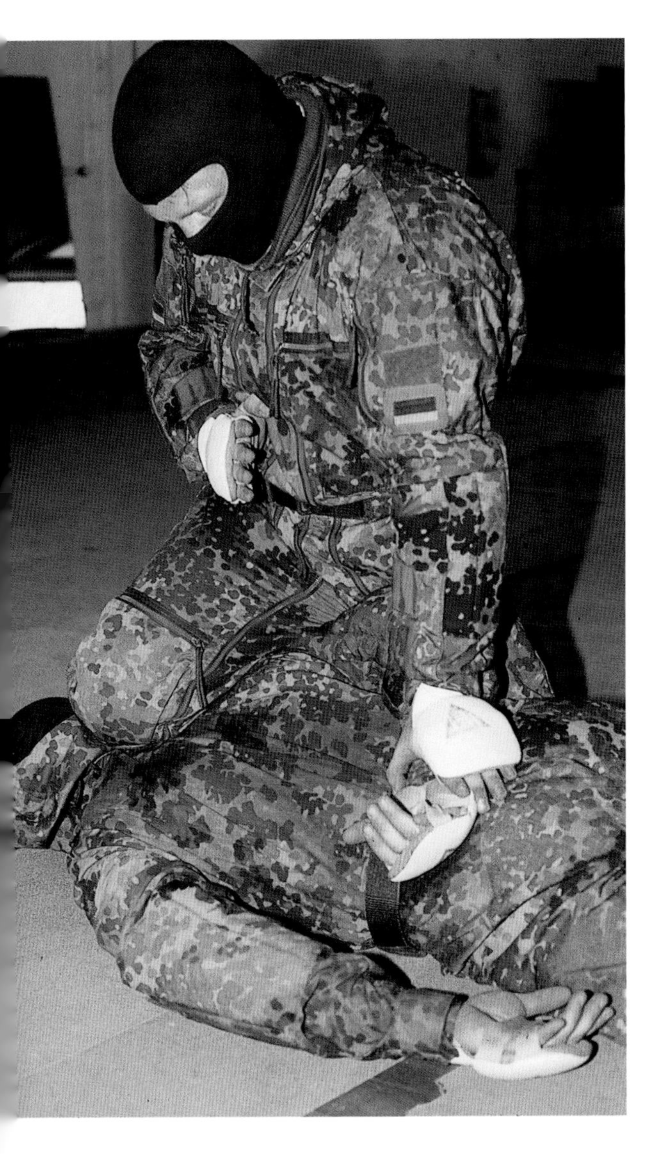

aus unterschiedlichen – meist aus Fernost stammenden – Techniken dar. Es finden sich darin z.B. Elemente aus dem Judo – bestimmte Hebel- und Block-Techniken, deren Anwendung sinnvoll ist, wenn jemand vergleichsweise sanft außer Gefecht gesetzt werden soll. Deutlich höher gewichtet sind im KSK aber Techniken, die den Gegner dauerhaft ausschalten.

Auch im Bereich des Nahkampfs nutzte das KSK die Aufbauphase, um von befreundeten Einheiten zu lernen. Schließlich übernahmen die Calwer Ausbildungsinhalte, die sich bei anderen bewährt hatten. Die Ausbildung setzt sich seit 1999 zusammen aus Kampftechniken des *Wing Tsun (WT),* des *WT Blitz-Defence* und des *Escrima.* Das KSK lehnt sich dabei eng an die Lehrinhalte der Europäischen *Wing Tsun Organisation (EWTO)* an.

Über allem stand im KSK die Vorgabe: Das Nahkampftraining soll den Soldaten innerhalb vergleichsweise kurzer Zeit effektive Methoden zur Abwehr und zum Angriff vermitteln. Ein Oberfeldwebel grenzt die im KSK gelehrten Nahkampf-Praktiken deutlich von anderen Kampfkünsten ab: »Was wir lernen, sieht nicht schön aus, ist aber sehr effektiv«.

Die waffenlose Abwehr von Messerkämpfern wird im KSK zwar auch gelehrt, aber nicht in der gesamten Bandbreite, da dies zu zeitaufwändig wäre. In der Regel bekämpfen Kommandosoldaten Messerstecher mit der Schusswaffe, was oft schwierig genug ist. In einer befreundeten Einheit führte man dazu einen Versuch durch: Auf der linken Seite der Angreifer, bewaffnet mit einem Messer. Zehn Meter entfernt auf der rechten Seite ein Soldat, die fertig geladene und entsicherte Pistole im Holster. Auf Kommando rannte der Messerkämpfer auf den Soldaten los. Das Ergebnis war immer das gleiche: Der Mann mit der blanken Waffe war immer schneller. Der Soldat hätte nicht eine der Attacken überlebt.

Auch mit einem anderen Vorurteil räumt einer der Nahkampf-Experten des KSK auf: Gefährliche Messer sind nicht nur teure, aufwändig konstruierte Spezialanfertigungen: »Im Messerkampf reicht ein einfaches Küchenmesser. Vorausgesetzt, der Angreifer hat gelernt, damit umzugehen.« Wer trotz allem die Gefährlichkeit eines Messers unterschätzt, sollte über die Technik des Leiters der KSK-Nahkampfausbildung nachdenken, eines Mannes, dessen Qualifikation niemand in Frage stellt: »Sollte ich waffenlos auf einen mit einem Messer bewaffneten Gegner treffen, würde ich weglaufen!«

Die Effektivität des im KSK gelehrten Selbstverteidigungssystems überrascht auch Soldaten, die bereits vorher Kampfsportarten betrieben haben und zum Teil mit einem hohen Maß an Perfektion beherrschen. Ein kräftig gebauter KSK-Soldat versichert: »Ich habe seit meiner Kindheit Karate und auch Kickboxen trainiert und darin eine recht hohe Stufe erreicht. Als ich zum KSK

■ **Auch in dieser Situation werden gleichzeitig mehrere schmerzempfindliche Stellen angegriffen: Der Fußtritt in die Kniekehle, mit den Daumen wird in die Augen, mit den anderen Fingern unter die Nase und an den Mund gegriffen.**

kam, erlebte ich innerhalb weniger Sekunden, dass das, was ich gelernt hatte, im Kampf nichts bringt.« Der Nahkampfausbilder schickte ihn sehr unsanft auf die Matte.

Im Nahkampftraining wird ganz gezielt die Aggressivität des Soldaten erhöht, nur dann ist es möglich, die Techniken mit der notwendigen Energie durchzuführen. Blessuren sind dabei unvermeidlich, obwohl es selbstverständlich nicht mit der gleichen Energie wie im Einsatz zur Sache geht. Mit den im KSK gelehrten Techniken ist es möglich, einen ausgebildeten Boxer, Ringer oder Karatekämpfer abzuwehren. Die besondere Hand-, Fuß- und Beinstellung charakterisiert das im KSK gelehrte System. Das Grundprinzip ist dabei immer gleich: Der Angriff des Gegners wird abgewehrt – häufig, indem mit dem Körper ein Dreieck gebildet, so die Wucht des gegnerischen Angriffs abgefangen und gleichzeitig angegriffen wird. Dabei wird der Gegner innerhalb kürzester Zeit mit einer Serie von Schlägen und Tritten eingedeckt. Kurz und bündig fasst ein KSK-Soldat das Prinzip zusammen: »Geschlagen und getreten wird genau auf die Stellen, die sonst verboten sind«.

Jeder Kommandosoldat erhält im Rahmen seiner Ausbildung zum Kommando-Feldwebel die gleiche intensive Ausbildung im Nahkampf. Er erlernt dabei die Grundfertigkeiten im Kampf »Mann gegen Mann«.

Die Bedeutung, die das KSK der Nahkampfausbildung beimisst, spiegelt sich auch in den Fortbildungen, an denen der hauptamtliche Nahkampftrainer und sein Vertreter regelmäßig teilnehmen. Diese umfassen die Ausbildung zum WT- und Escrima-Lehrer nach den Regeln der EWTO. Darüber hinaus nehmen sie mehrmals im Jahr an Arbeitstreffen und Weiterbildungen bei vergleichbaren Spezialeinheiten bzw. -verbänden des Militärs und der Polizei im In- und Ausland teil. Damit die Nahkampfausbildung im KSK stets auf dem neuesten Stand ist, geben die beiden das Erlernte im Rahmen einer sechswöchigen Weiterbildung an die 18 Ausbilder in den Einsatzeinheiten weiter.

Aufbau und Ablauf der Nahkampfausbildung im Rahmen der Ausbildung zum Kommando-Feldwebel

Abschnitt	Form/Intensität	Ausbildungsthemen
Basisblock Nahkampf	Ganztägig, zwei Wochen in Blockform	Waffenloser Kampf: Kampf in der langen und mittleren Distanz, Kampf in der Flanke
Trainingsphase 1	4 bis 8 Wochen, jeweils drei Stunden wöchentlich	Waffenloser Kampf: Kampf in der langen und mittleren Distanz, Kampf in der Flanke
Aufbaublock 1	Ganztägig, drei Tage in Blockform	Waffenloser Kampf: Kampf in der mittleren Distanz / frontales Kämpfen. Waffenkampf: Grundtechniken mit dem Schlagstock
Trainingsphase 2	4 bis 8 Wochen, jeweils drei Stunden wöchentlich	Waffenloser Kampf: Kampf in der mittleren Distanz / frontales Kämpfen. Waffenkampf: Grundtechniken mit dem Schlagstock
Aufbaublock 2	Ganztägig, drei Tage in Blockform	Waffenloser Kampf: Kampf in der mittleren Distanz / kreisförmige Angriffe. Waffenkampf: Mehrzweck-Einsatzstock (Tonfa)
Trainingsphase 3	4 bis 8 Wochen, jeweils drei Stunden wöchentlich	Waffenloser Kampf: Kampf in der mittleren Distanz / kreisförmige Angriffe. Waffenkampf: Mehrzweck-Einsatzstock (Tonfa)
Aufbaublock 3	Ganztägig, drei Tage in Blockform	Waffenloser Kampf: Nahdistanz/Wurf/Gegenwurf, Antibodenkampf. Waffenkampf: Messerkampf
Trainingsphase 4	4 bis 8 Wochen, jeweils drei Stunden wöchentlich	Waffenloser Kampf: Nahdistanz/Wurf/Gegenwurf, Antibodenkampf. Waffenkampf: Messerkampf
Aufbaublock 4	Ganztägig, drei Tage in Blockform	Waffenloser Kampf: Techniken »Retten & Befreien«. Waffenkampf: Techniken Retten & Befreien

■ Während die linke Hand den geraden Fauststoß abwehrt, erfolgt der Schlag mit der rechten zum Kehlkopf. Die Spezialhandschuhe sollen Verletzungen der Finger und der Hand vermeiden. Im Ernstfall werden sie natürlich nicht getragen und dann wird regelmäßig nicht mit der geschlossenen, sondern mit der offenen Hand zugeschlagen.

Sport beim Kommando Spezialkräfte

Hauptberufliche Sportlehrer gab es bis in die frühen 90er-Jahre in der Bundeswehr nur an deren Lehreinrichtungen, zum Beispiel an den Sportschulen in Warendorf und Sonthofen.* Einen Feldversuch mit hauptamtlichen Sportlehrern führte man zu Beginn der 90er-Jahre im neugebildeten IV. Korps in Potsdam durch. Ziel sollte es sein, alle Standorte durch einige wenige Sportlehrer betreuen zu lassen. Das war gut, aber nicht gut genug. In der Nationalen Volksarmee (NVA) hatte dieser Bereich einen Schwerpunkt gebildet. Dort verfügten seit den 70er-Jahren die größeren Bataillone und jedes Regiment über hauptamtliche Sportoffiziere, die für den dienstlichen und den Freizeitsport verantwortlich waren.

Das KSK ging im Bereich des Sports von Beginn an neue Wege. Dies fand auch in der personellen Ausstattung dieser Sparte seinen Niederschlag; denn bereits im Aufbaukonzept der Einheit beantragte man die Stelle eines hauptamtlichen Sportlehrers. 1999 trat ein zweiter Lehrer seinen Dienst in Calw an. Zwei Jahre später genehmigte das BMVg die Stelle eines Physiotherapeuten. Dies spart Zeit und auch Geld; denn bis dahin mussten die Soldaten mit ihren Blessuren, die das harte Training unweigerlich hinterlässt, die Praxen privater Dienstleister aufsuchen.

* A.d.L.: Zivile hauptberufliche Sportlehrer waren ebenso an den Truppenschulen tätig, z.B. an der Panzertruppenschule in Munster. In diesem Zusammenhang einen Gruß an Herrn Zumpe von einem seiner »Frührentner«!

■ **Den aus 23 Stationen bestehenden Hindernisparcours müssen die KSK-Soldaten in höchstens zwei Minuten und 30 Sekunden bewältigen.**

Der Diplom-Sportlehrer des KSK kam 1997 nach Calw. Er musste nicht nur die Begründung für seinen Dienstposten selbst schreiben, sondern er kannte zunächst auch nicht die Anforderungen, die an die KSK-Soldaten gestellt werden. Daher unternahm er in der ersten Zeit mehrere Reisen zu vergleichbaren Einheiten – zur GSG 9 und zum SEK Baden-Württemberg –, um zu sehen, wie dort die Sportausbildung betrieben wurde.

Aus der Sicht der Sportwissenschaft muss ein Kommandosoldat über ein Bündel von Fähigkeiten verfügen: Die Elemente Kraft, Ausdauer, aerobe Ausdauer und Gewandtheit bilden den Schwerpunkt. Darüber hinaus spielen auch Beweglichkeit, Schnelligkeit, Maximalkraft und anaerobe Ausdauer eine wichtige Rolle. Durch das systematische Training der konditionellen und korrelativen Fähigkeiten erarbeiten die Soldaten das Rüstzeug, um allen Aufgaben im Training und im Einsatz gewachsen zu sein. Formelhaft verkürzt erlernen sie die Beherrschung des eigenen Körpers.

Daraus entwickelte der für den Sport im KSK Verantwortliche eine Leitlinie: Alles, was den KSK-Mann körperlich belastet, muss in ein Trainingskonzept eingebaut werden, um so durch ständige Ertüchtigung dessen Leistungsfähigkeit aufzubauen oder zu erhalten.

Das Anforderungsprofil des KSK-Soldaten beinhaltet unter anderem dessen überdurchschnittliche körperliche Leistungsfähigkeit. Es stellte sich in der Anfangsphase das Problem, diesen theoretischen Wert mit Leben zu erfüllen. Zunächst war es daher notwendig, die durchschnittliche körperliche Leistungsfähigkeit zu bestimmen. Als Norm wählte man zunächst die Bedingungen des

■ **Der Sport bereitet die KSK-Soldaten auf unterschiedliche Einsatz-Szenarien vor, zu denen auch »Retten und Befreien« gehört. Hier können viele Fähigkeiten gefordert sein: Gewandtheit, Schnelligkeit und Kraft.** *Foto: KSK*

Deutschen Sportabzeichens. Ziel musste es also sein, über diese Forderungen deutlich hinauszugehen.

Um die notwendigen körperlichen Fähigkeiten zu entwickeln oder zu erhalten, stehen im KSK viele unterschiedliche Sportstätten zur Verfügung. Besonders spektakulär ist die Kletterwand, die zweithöchste in Europa, an der gleichzeitig bis zu 16 Personen klettern können. Darüber hinaus stählen die Soldaten ihre Körper in zwei Sporthallen, auf einem Sportplatz, einer Kleinsportanlage, einer Spezialhindernisbahn, in einem Schießausbildungszentrum, einem amphibischen Ausbildungszentrum und einer multifunktionalen Trainingshalle (Krafträume, Leistungsdiagnostik, Nahkampf). Zu guter Letzt gibt es dann noch eine 1300 m lange Finnbahn, das ist eine Laufstrecke im Gelände, die mit Rindenmulch ausgekoffert ist, damit der Stützapparat der Läufer entlastet wird. Hier lässt es sich besonders weich laufen, und dies ist wichtig, da sonst im Rahmen des hohen Trainingsaufwandes Hüfte und Knie zu sehr belastet würden.

Um ein möglichst nah an die Einsatzbedürfnisse angepasstes Programm erarbeiten zu können, führte der Sportlehrer des KSK in Zusammenarbeit mit dem Sportmedizinischen Institut der Bundeswehr eine umfangreiche Felduntersuchung durch. Hierzu wurden fünf typische taktische Übungen des KSK aus folgenden Bereichen durchgeführt:

- Taktischer Marsch
- Retten und Befreien
- Verbringungsart Gebirge
- Verbringungsart Wasser
- Reaktionsschießen

An den Tests nahmen fünf KSK-Züge teil. Bei den Soldaten wurde während der Übungen ständig der Puls gemessen und zu bestimmten Leistungshöhepunkten bei jeweils sieben willkür-

■ **Das schnelle Abgleiten am Tau *(Fast roping)* erfordert Mut und Körperkraft.**
Foto: KSK

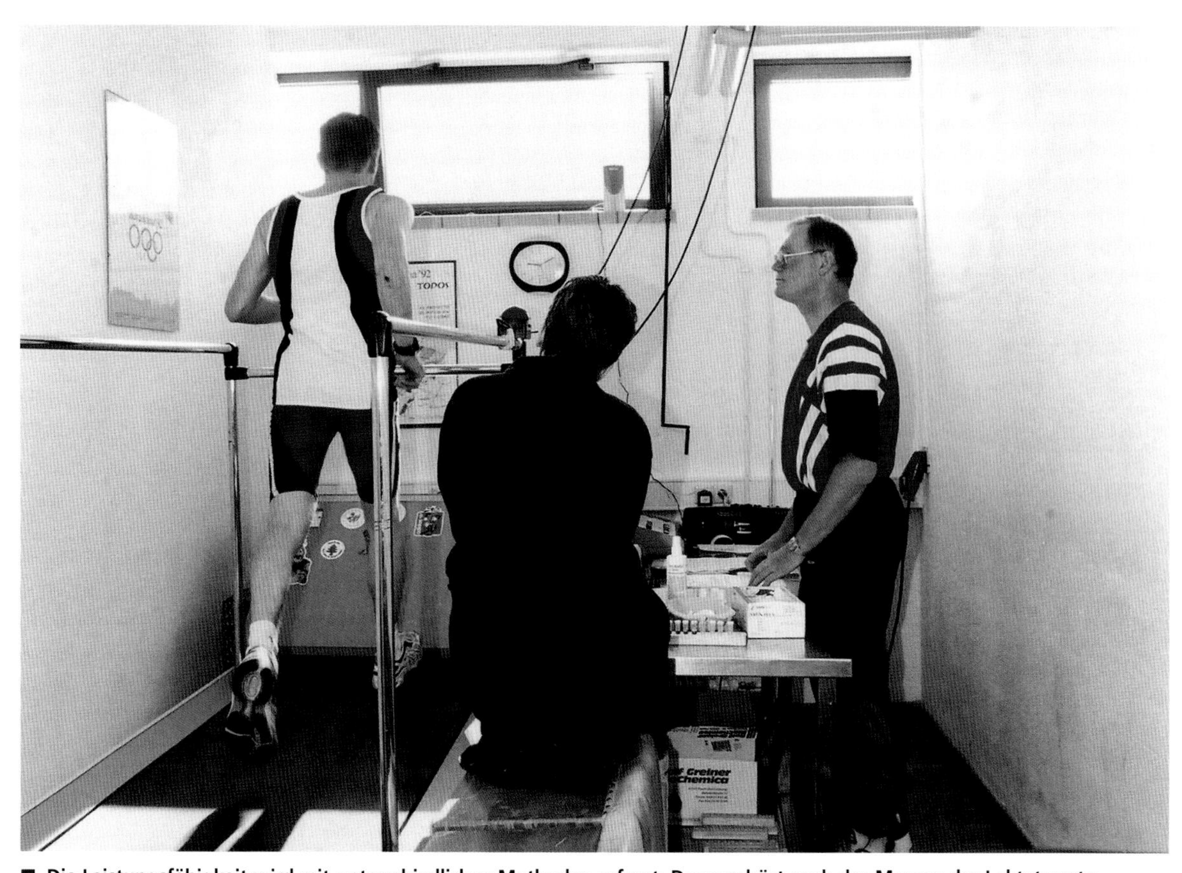

■ **Die Leistungsfähigkeit wird mit unterschiedlichen Methoden erfasst. Dazu gehört auch das Messen der Laktatwerte.**
Foto: KSK

lich ausgewählten Männern eine Blutprobe entnommen. So konnte sehr genau der Punkt bestimmt werden, an dem die natürliche Sauerstoffzufuhr – aerob – für die geforderte Leistung nicht mehr genügt und der Körper auf Alternativen – anaerob – umschaltet, also zum Beispiel die eingelagerte Glukose verbraucht. Dieser Vorgang kann im Labor sehr genau erfasst werden; denn dabei fallen als Abbauprodukte die Salze der Milchsäure an, die Laktate. Zusätzlich führte man im Schulterschluss mit den Psychologen mehrere Befragungen der Probanden durch. Dazu gehörte auch ein Test, der die Informationsverarbeitung der Prüflinge testete. Vereinfacht ausgedrückt: Wie klar kann der Mann noch denken, wenn er auf dem letzten Loch pfeift oder auf dem Zahnfleisch daherkommt? Die Ergebnisse bestätigten die hohe Leistungsfähigkeit der Soldaten. Selbst nach einem zehnstündigen Marsch, bei dem sie Zusatzlasten von 50 bis zu 73 Prozent des eigenen Körpergewichtes mitführten, hatten sie ihre Leistungsgrenze noch nicht erreicht.

Einmal jährlich ermitteln die Sportlehrer in Zusammenarbeit mit den Medizinern für alle Kommandosoldaten im Rahmen eines Laufbandtests die optimalen Ausdauertrainingswerte. Neben der Feststellung der individuellen Fitness ist damit auch eine Empfehlung verbunden, in welchem Bereich das Training besonders wirksam ist. Hierzu werden die bereits angesprochenen Laktatwerte gemessen und in Beziehung gesetzt zur Herzschlagfrequenz des einzelnen Soldaten. Daraus ergibt sich ein Pulsschlagbereich, in dem er mit verhältnismäßig geringem Aufwand seine aerobe Leistungsfähigkeit weiter steigern kann. Denn auch in diesem Bereich gilt, dass viel eben nicht viel hilft. Wer seinen Körper permanent überlastet und mit einem zu hohen Herzschlag

■ Den aus 23 Stationen bestehenden Hindernisparcours müssen die KSK-Soldaten in höchstens zwei Minuten und 30 Sekunden bewältigen. Die einzelnen Stationen beanspruchen unterschiedliche Körperpartien und Fähigkeiten: Die Eskaladierwand erfordert Geschicklichkeit und Kraft, das Hochziehen auf der schräggestellten Bank beansprucht die Armmuskulatur und der Hürdenlauf verbessert das Sprungvermögen.

■ Eine der anspruchsvollsten Kletterwände Europas steht in Calw. Hier können bis zu 16 Mann gleichzeitig trainieren. *Foto: KSK*

■ **Verschiedene Übungen dienen freilich auch zur Steigerung der Körperkraft.** *Foto: KSK*

trainiert, erreicht nicht die erhoffte Leistungssteigerung, sondern wird im Gegenteil einen Leistungsabfall feststellen. Mit Verallgemeinerungen kommt man in diesem Bereich nicht weit: Unter Höchstbelastung auf dem Laufband wurden Pulsschläge der KSK-Soldaten im Bereich von 167 bis 220 gemessen. Dies bedeutet aber nicht, dass einer mit niedrigerem Puls leistungsfähiger ist als einer mit sehr hohem Pulsschlag oder umgekehrt.

Einmal im Jahr führt die Sportabteilung den Kommandotest durch. Vergleichbare Leistungsüberprüfungen sind bei allen Sondereinsatzkräften gang und gäbe. Die Angehörigen amerikanischer Spezialverbände durchlaufen zum Beispiel eine solche Untersuchung vier Mal jährlich. Die erste Station des in Calw durchgeführten Programms bildet der in der gesamten Bundeswehr übliche PFT *(Physical Fitness Test,* zu deutsch: Überprüfung der körperlichen Leistungsfähigkeit). Dieser setzt sich zusammen aus fünf Elementen, bei denen jeweils maximal sechs Punkte erreicht werden können: Einem Pendellauf (4 x 9 Meter), dem Standweitsprung, einem zwölfminütigen Lauf, der nach dem Engländer Cooper benannt wurde. Des weiteren wird gezählt, wie viele Bauchaufzüge *(Situps)* und Liegestütze – mit Händeklatschen – die Soldaten innerhalb von 40 Sekunden ausführen können. Für die Calwer wurde eine Mindestpunktzahl von 20 festgelegt. Die meisten Kommandosoldaten legen für sich die Meßlatte deutlich höher und streben an, die Maximalpunktzahl zu erzielen: »Wenn ich nicht die Höchstpunktzahl erreichen würde, wäre ich enttäuscht«, offenbart ein Leutnant.

Danach steht ein anspruchsvoller Hindernisparcours auf dem Programm, der ständig in einer Sporthalle aufgebaut ist, so dass die Soldaten üben können, wann immer sie wollen. Für die gesamte Hindernisbahn mit 23 Stationen steht eine Maximalzeit von 2 Minuten und 30 Sekunden (150 sec) zur Verfügung. Der KSK-Rekord liegt bei 1 Minute und 45 Sekunden (105 sec). Der Parcours fordert alle Muskelgruppen. Er wurde so gestaltet, dass das eigene Körpergewicht ständig in Bewegung gehalten werden muss. Beliebte Sportarten wie Laufen oder Fahrradfahren stellen zyklische Belastungen dar. Im Unterschied dazu treten in der KSK-Überprüfung sehr viele azyklische

■ **Zum Teil findet der Sport im Kampfanzug statt.**

Belastungen auf – ein ständiges Rauf und Runter, was neue Kommandosoldaten häufig noch nicht gewohnt sind. Diese Belastungen treten im Einsatz aber häufig auf, zum Beispiel, wenn eine Wohnung gestürmt werden muss: Dabei kommt es darauf an, sehr schnell eine Treppe hinaufzulaufen, über einen Tisch zu springen oder eine Tür aufzustoßen.

Im Anschluss werden acht Klimmzüge und ein 5000-m-Lauf in Kampfanzug und Stiefeln verlangt, der in höchstens 23 Minuten bewältigt werden muss. Danach stehen 300 m Schwimmen in maximal 7 Minuten und 30 Sekunden auf dem Programm. Die ersten 100 m Freistil, der Rest wird brustgeschwommen. Auch hier zeigt sich der Bezug zum Einsatz; denn nur bei dieser Fortbewegungsweise ist ein leises Schwimmen möglich, das gleichzeitig noch die Möglichkeit bietet, das Umfeld zu beobachten. Bedeutsam ist auch, dass die Kommandosoldaten so Gepäck mitnehmen oder einem verletzten Kameraden helfen können.

Seit dem Jahr 2003 erhielt der Kommandotest eine neue Wertigkeit; denn seither gilt: Wer diesen nicht besteht, muss das Kommando Spezialkräfte verlassen.

Der PFT stellt nach Meinung des Sportlehrers trotz erhöhten Mindestanforderungen eine Unterforderung der Kommandosoldaten dar. Er muss aber durchgeführt werden, weil ihnen sonst Nachteile im Vergleich zu ihren Kameraden in anderen Einheiten entstehen könnten; denn bei einer Versetzung müssen sie die im PFT erzielten Punkte nachweisen.

Der Plan sieht vor, dass jeder Mann pro Jahr 400 Stunden Sport treibt. Davon entfallen 180 auf das einsatzspezifische Training in »grün« oder »schwarz«. Aufgrund der zahlreichen Einsätze des KSK kann diese Vorgabe gegenwärtig nur von einer Minderheit erreicht werden.

WARSON RD.

Die Unterstützungskräfte

Dieser Bereich, in dem rund 560 Soldaten Dienst versehen, besteht aus der Fernmelde-, der Unterstützungs- und der Stabs- und Versorgungskompanie. 40 Prozent der hier Tätigen sind Wehrpflichtige. Das KSK übernahm viele Elemente vom britischen SAS. Für die Unterstützungskräfte gilt dies in einem ganz wesentlichen Bereich jedoch nicht. Die Einsatzkräfte wünschen, dass auch der Calwer Unterstützungsbereich einen 24-Stunden-»Komplettservice« bietet, wie dies beim SAS und anderen Verbänden der Fall ist. Die Einsätze der letzten Zeit zeigten, dass dies aus einsatztaktischen Gründen notwendig wäre. Bei der Aufstellung des KSK ging man aber von anderen Voraussetzungen aus. Würde man jetzt das Konzept umstellen, wäre dafür eine Verdoppelung bis Verdreifachung der Zahl der Unterstützungskräfte notwendig.

Im Rahmen der Möglichkeiten passte sich der Unterstützungsbereich den gestiegenen Anforderungen an und versuchte, die bestehenden

■ **Der Einsatz in Afghanistan stellt nicht nur für die Kommandosoldaten eine enorme Belastung dar. Auch die Unterstützer müssen physische und psychische Höchstleistungen bringen. Auch wenn der Sandsturm tobt, muss der Nachschub für die Kameraden rollen. Die Kommandos wissen die Leistung ihrer Unterstützer zu würdigen: Ohne diese Jungs geht nichts!** *Foto: KSK*

■ **Wappen der Stabs- und Versorgungskompanie des KSK.** *Foto: KSK*

Strukturen so zu verändern, dass die anstehenden Aufgaben gelöst werden konnten. Nachdem im Jahr 2000 der Dienstposten des Leiters des Unterstützungsbereichs geschaffen wurde, vollzog man eine Neustrukturierung. Man trennte den Bereich in die logistischen Ebenen 1 und 2. Mit anderen Worten: Man untergliederte die riesige Unterstützungskompanie in eine Stabs- und Versorgungskompanie und eine Unterstützungskompanie. Der zuvor selbstständige Stabszug wurde in die Stabs- und Versorgungskompanie eingegliedert. Diese STAN-Änderung (STAN = Stärke und Ausrüstungs-Nachweis) fand im Januar 2001 statt. Der Einsatz »Enduring Freedom« zeigt jedoch, dass die bestehende Struktur immer noch nicht auftragsgerecht ist. Aufgrund der Planungen soll das KSK in der Lage sein, drei Aufträge gleichzeitig durchzuführen oder einen Auftrag, in dem sich der Spezialverband immer wieder selbst ersetzt. Für die Erfüllung dieser Vorgabe ist der Unterstützungsbereich noch immer nicht optimal aufgestellt.

In der Struktur der Unterstützungskräfte spiegeln sich die Aufgabenschwerpunkte des KSK wider. Es sollen drei Einsätze gleichzeitig bewältigt werden können, von denen einer ein zeitlich länger andauernder und zwei von kürzerer bzw. mittlerer Zeitdauer sein sollen. In der Anfangsphase des KSK maß man dem Bereich »Retten und Befreien« besondere Bedeutung bei: Dementsprechend konnten dort die schnellsten Fortschritte erzielt werden, so dass gegenwärtig nur noch gelegentlich Nachsteuerungsbedarf besteht. Die begrenzende Größe ist auch in diesem Aufgabenfeld nach wie vor der Lufttransport. Es werden mehr moderne und leistungsfähigere Transportflugzeuge und -hubschrauber benötigt. Die damit zusammenhängenden Entscheidungen werden aber nicht im KSK, sondern im Einsatzführungskommando getroffen. Im Einsatz »Enduring Freedom« wurden den Unterstützungskräften sowohl personell als auch materiell die Grenzen aufgezeigt. Die Soldaten, die in Afghanistan im Einsatz stehen, fehlen in anderen Bereichen. Die Probleme wurden erkannt und daraufhin eine Studie für ein Einsatzunterstützungskonzept für Spezialkräfte in Auftrag gegeben. So sollen die erkannten Engpässe behoben werden.

Gerade in der Aufbauphase steckten die Probleme häufig im Detail. Es zeigte sich, dass das KSK in vielen Bereichen noch Erfahrungen sammeln musste. Bei »Enduring Freedom« stellte sich zum Beispiel die Aufgabe, ein Feldlager zu errichten. Dies bereitete zunächst Schwierigkeiten. Daraufhin erstellte die Unterstützungskompanie ein Handbuch für den Aufbau eines Feldlagers, wodurch zukünftige, ähnlich Aufgaben besser bewältigt werden können.

Die Strukturen des KSK sind in vielerlei Hinsicht einzigartig. Bei der Zusammenarbeit mit anderen Truppenteilen der Bundeswehr brachte dies in der Vergangenheit häufig Probleme. Aber auch das hat sich inzwischen verbessert; denn der Stellenwert des KSK nahm deutlich zu. Mit dem zunehmenden Bekanntheitsgrad des KSK stieg auch die Bereitschaft zur Unterstützung.

Die Unterstützungskompanie besteht – nebenn der selbstverständlich auch vorhandenen Kompanieführung – aus drei Zügen:

■ **Wappen der Unterstützungskompanie des KSK.** *Foto: KSK*

■ **Mit dem Mehrzweck-Geländefahrzeug Bv 206 der schwedischen Firma Hägglunds machten AMF-Verbände der Bundeswehr umfangreiche Erfahrungen, die nun auch der Wartung im KSK zugute kommen.** *Foto: KSK*

■ **Geländegängige, robuste Motorräder sind für Kommandosoldaten unverzichtbar.**

Der **I. Zug** ist der Nachschub-Umschlagzug. Das ist quasi der »Otto-Versand«, bei dem der Soldat alles bekommt, was er täglich benötigt.

Der **II. Zug** ist der Instandsetzungszug, der aufgrund der neuen STAN eine Größe erreicht hat, die, bezogen auf Personalstärke, Fachbereiche und Auftragslage, vergleichbar ist mit einer Kompanie in einem Instandsetzungsbataillon. Dieser Bereich ist bezüglich der Ausstattung mit Gerät und Material einzigartig in der Bundeswehr. Hier gibt es nicht nur Golf und Zweitonner, hier werden Sondergeräte für den Einsatz in Schnee und Eis wie die Skidos (Motorschlitten) und Hägglunds (Überschneefahrzeuge) bereitgehalten. Hier wird auch das neue AGF (Aufklärungs- und Gefechtsfahrzeug) gewartet. Dies erfordert natürlich entsprechend ausgebildetes Personal. Aber es ist schwierig, diese Fachleute für den im Vergleich mit der freien Wirtschaft geringen Lohn zu gewinnen. Die Bundeswehr tritt

■ **Um das Quad im Gelände zu beherrschen, ist Geschicklichkeit erforderlich. Ähnlich wie bei einem Motorrad muss der Fahrer sein Gewicht verlagern.**

dann nämlich in Konkurrenz mit Unternehmen wie Daimler oder Porsche, deren Hauptwerke in Stuttgart nur eine knappe Fahrstunde von Calw entfernt liegen.

Ein weiteres Problem ergibt sich dadurch, dass die Schulungen an den neuen Fahrzeugen bzw. Geräten zum Teil noch bei den Herstellerfirmen durchgeführt werden müssen, da es die Schulen der Bundeswehr noch nicht können. Je nach Vertrag werden die entstehenden Ausbildungskosten entweder von den Firmen übernommen, oder aber die Bundeswehr bezahlt die Einführungslehrgänge. Häufig erhält das KSK Prototypen oder Versuchsmuster, mit allen Vor- und Nachteilen, die damit verbunden sind.

Ein großes Problem stellt die häufig zu geringe Verweildauer der Soldaten in dieser Einheit dar. Der Leiter der Unterstützungskräfte, ein Oberstleutnant, geht davon aus, dass die Soldaten im Schnitt ein Jahr benötigen, um alle Bereiche ihrer Tätigkeit so zu kennen, dass sie vollwertig eingesetzt werden können. Erschwerend kommt hinzu, dass sich die notwendigen Kenntnisse nahezu ständig verändern. Anschaulich schildert ein Hauptmann, wie die Kommandos häufig sehr kurzfristig Änderungswünsche vorbringen: »Wir brauchen jetzt nicht mehr das, sondern das. Das liegt nicht daran, dass die nicht vernünftig planen, sondern die Ursache liegt in nicht vorhersehbaren Lageveränderungen.« Wenn die Soldaten aus dem Unterstützungsbereich sehr viel Erfahrung mitbringen, dann können sie mitdenken und notwendiges Material bereits anfordern und bereitstellen, bevor die Kameraden zu ihnen kommen. Aber dies erfordert eine lange Stehzeit mit möglichst viel gemeinsamen Übungen.

Der **III. Zug** ist der Fallschirmgeräte- und Luftumschlagzug. Er verwaltet und bewirtschaftet das gesamte Luftfahrtgerät des KSK und setzt es instand. Zur Ausrüstung gehört nicht nur die klassische »Rundkappe«, sondern eine Vielzahl unterschiedlicher Freifallsysteme, die nach jedem Gebrauch geprüft und neu gepackt werden müssen. Darüber hinaus bestehen zwei Luftumschlag-

■ Aus der Luft auf den Boden: Seile für das schnelle Abgleiten und das Abseilen. Das KSK verwendet Abseilgeräte von Rollgliss. Die Sauerstoffmaske und die Sauerstoffflaschen benötigen Fallschirmspringer für Sprünge aus großer Höhe. *Foto: KSK*

■ Immer noch sucht das KSK nach dem für seine Zwecke am besten geeigneten Hubschrauber. Versuche mit der BO 105 als Sturmplattform aus der Luft verlaufen erfolgversprechend. Das österreichische Jagdkommando erhielt vor kurzem den amerikanischen »Black Hawk«. Das KSK wünscht sich einen Drehflügler mit dessen Eigenschaften. *Foto: KSK*

gruppen, die für Verlegungen im Heimatland und das Ausladen des Materials im Einsatzland zuständig sind.

Im Bereich der Unterstützung treten die Unterschiede zwischen einer Verwendung beim KSK und anderen Bundeswehr-Verbänden besonders deutlich zutage. Bei Letzteren ist fast immer eine geregelte Arbeitszeit gegeben. Ein Hauptfeldwebel muss dort etwa alle zwei Jahre mit einem Auslandseinsatz rechnen. Damit kann er, seine Familie und sein soziales Umfeld planen. »Wieso«, fragt der Leiter der Unterstützungskräfte, »soll dieser Mann nach Calw kommen, wo er ungeregelte Arbeitszeiten hat, von heute auf morgen zu Einsätzen abgerufen werden kann und die Lebensumstände im Einsatz völlig anders sind?« Für diese höhere Belastung bekommt er nicht mehr Sold, hat keine besseren Beförderungsmöglichkeiten, zudem sind die Lebenshaltungskosten im nördlichen Schwarzwald höher als in vielen anderen Regionen Deutschlands. Es

■ **AGF und Krad können auch für Unterstützungsaufgaben eingesetzt werden.**

bleibt am Ende, so drückt es ein Hauptmann aus: »Nur die Ehre und der Stolz, den jeder von uns hat, der beim Kommando dient.« Und er schränkt ein: »Das reicht aber nicht aus, das Personal nach Calw zu bekommen, das wir dringend benötigen«. Als eher theoretische Möglichkeit, das Personalproblem zu lösen, sieht der Oberstleutnant die Variante, die jeweils besten Leute nach Calw zu befehlen. Bei realistischer Betrachtung bleibt nach seiner Meinung nur die Möglichkeit, Anreize für den Dienst im Unterstützungsbereich des KSK zu schaffen. Er sieht hierzu mehrere Möglichkeiten. Einerseits könnten die Leute für ihre Zeit in Calw zusätzliche Punkte für eine entsprechende Beförderung bekommen. Ande-

■ **Hohe Beweglichkeit zeichnet militärische Spezialeinheiten aus.** *Foto: Martin Benz*

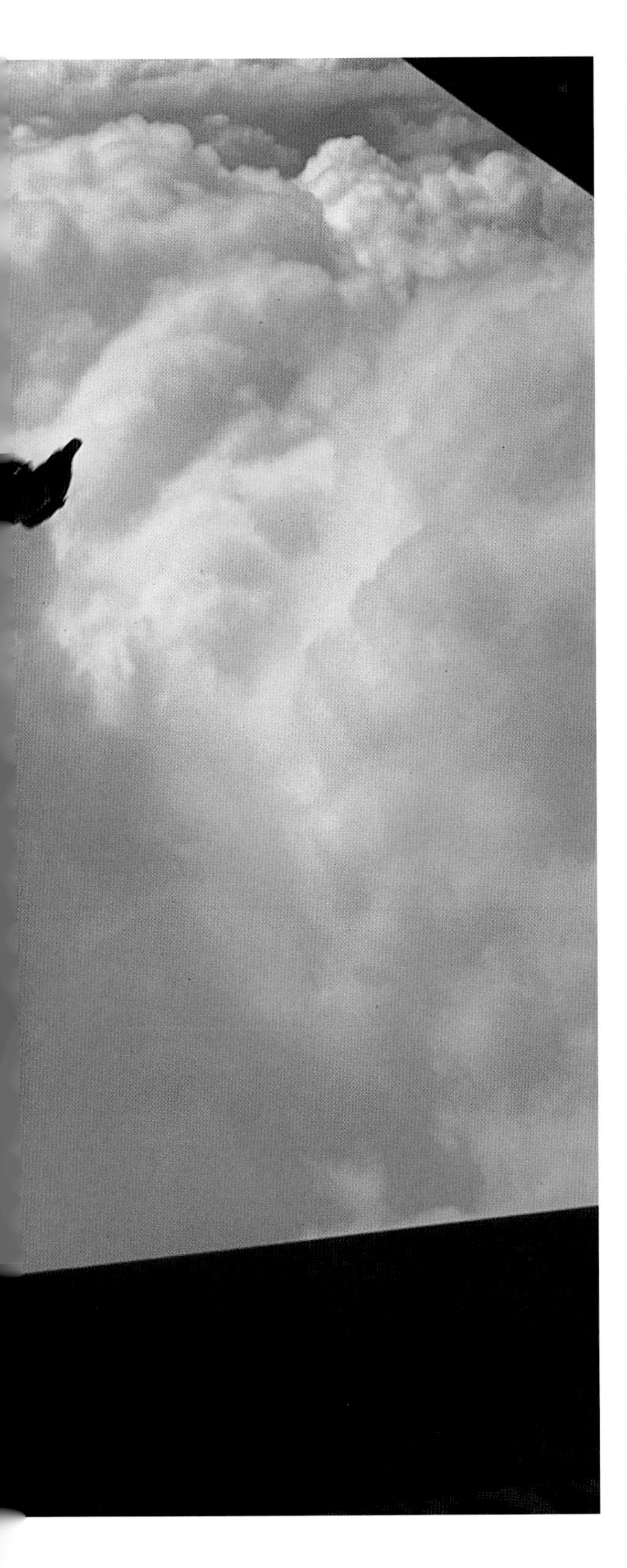

■ **»Schneller Adler« 1997.** *Foto: Frank Weissert*

rerseits könnte eine »kleine Kommandozulage« für die Unterstützer einen Anreiz darstellen. Dies ist bei anderen Sonderverbänden – zum Beispiel der Neuseeländer und der Franzosen – gängige Praxis. Dort erhalten alle eine nach Tätigkeit abgestufte Kommandozulage. Im Offiziersbereich könnte – wie im Bereich der Unteroffiziere – eine Art Stellenbündelung eingeführt werden. Somit könnte ein spezieller Dienstposten – etwa der des Zugführers – nicht nur mit einem Leutnant oder Oberleutnant, sondern auch mit einem Haupt-

■ **Das AGF (Aufklärungs- und Gefechtsfahrzeug) wurde in enger Abstimmung mit dem KSK entwickelt. Die Abbildung zeigt die Erprobung der Nebelmittelwurfanlage auf dem Werksgelände von Rheinmetall.** *Foto: KSK*

■ **Zur umfangreichen Ausstattung für Einsätze im Gebirge oder in arktischen Gebieten gehören nicht nur Skier und Skischuhe, sondern auch spezielle Thermo-Unterwäsche und gefütterte Jacken mit Tarnmuster.** *Foto: KSK*

mann besetzt werden. Diese Vorschläge sind, wendet ein Oberleutnant ein, in Zeiten leerer Kassen schwer umsetzbar. Da die Existenz des Verbandes aber politisch gewollt sei, müssten auch die entsprechenden Mittel zur Verfügung gestellt werden, um den politischen Auftrag militärisch umsetzen zu können. »Man darf nicht auf halbem Weg stehen bleiben«, mahnt ein Hauptmann, stellt gleichzeitig aber fest, dass in der kurzen Zeit seit Gründung des KSK bereits viel erreicht wurde. »Wir sind aber trotz allem, was wir erreicht haben, noch nicht da, wo wir hin müssen«, fasst der Oberstleutnant zusammen und ergänzt: »Wir haben in den Einsätzen gesehen, wo unsere Grenzen sind und wo wir dringend nachsteuern müssen«. Es zeigt sich zum Beispiel, dass der Bereich der Logistik noch nicht den Stellenwert besitzt, den er benötigt. Möglicherweise liegt die Ursache dafür auch im Umstand, dass die meisten Calwer Führungskräfte aus dem Bereich

S 3 (Organisation, Ausbildung, Planung) und nur wenige aus dem S-4-Bereich (Logistik) stammen. Probleme traten zum Beispiel dann auf, wenn ein neues Fahrzeug beschafft, gleichzeitig aber nicht die Ersatzteilbeschaffung optimal gelöst wurde. Ähnliches gilt aber auch für kleinere Dinge, etwa Batterien. Deren Transport kann – wenn es sich um in der Bundeswehr nicht eingeführtes Gerät handelt – Probleme bereiten. Dies gilt auch für die Munition. Das KSK verfügt über 36 Munitionssorten und Sprengmittel, die es sonst wahrscheinlich nirgendwo in der gesamten Bundeswehr gibt.

Die stärkste Kompanie ist die Stabs- und Versorgungskompanie, in der etwa 230 Soldaten dienen. Sie ist zuständig für die Log-Ebene 1 und setzt sich aus mehreren Teileinheiten zusammen: Das Unterstützungspersonal Stab mit den entsprechenden Abteilungsfeldwebeln, dann die Versorgungsstaffel mit Küche, weiter der Transportzug und der Mat(erial)-Zug. Dieser behütet alle Sonderwaffen, Sonderfahrzeuge sowie Ausrüstung und Gerät, über die nicht jeder Kommandosoldat verfügt. Dazu zählt zum Beispiel die Arktis- oder Wüstenausstattung. Diese Dinge werden bereitgestellt und nach Übung oder Einsatz wieder zurückgestellt.

In die Stabs- und Versorgungskompanie ist der Sanitätszug integriert. Mit den jetzt zur Verfügung stehenden Kräften kommt man nicht aus, eine Erhöhung auf eine Sanitätsstaffel steht daher unmittelbar bevor. Zu ihren Aufgaben gehört zunächst die Realversorgung, wie in jedem anderen Sanbereich auch. Im KSK gibt es darüber hinaus die Besonderheit, dass die meisten Soldaten des KSK Fallschirmspringer sind und die Auslandsverwendungsfähigkeit besitzen. Damit sind jedes Jahr die betreffenden Untersuchungen und Impfungen fällig. Ein weiterer Teilbereich ist die Sanitätsversorgung in der Ausbildung, zum Beispiel beim Schießen und Fallschirmspringen. Das dritte Element stellt der Einsatzzug dar. Hier finden sich die Soldaten und Ärzte, die regelmäßig mit den Kommandos üben und sie in die Einsätze begleiten. Die Sanitätssoldaten sind voll ausgebildete Rettungssanitäter und erhalten, ebenso wie der Kommandoarzt, Grundzüge der Kommandoausbildung. Dies ist erforderlich, damit sich auch die Sanitätssoldaten im Einsatz taktisch richtig verhalten können.

■ **Wappen der Fernmeldekompanie des KSK.** *Foto: KSK*

Fernmelder

Auch im Fermeldewesen unterscheidet sich das Kommando Spezialkräfte deutlich von anderen Verbänden der Bundeswehr. Bereits bei der Luftlandebrigade 25 mussten die Soldaten des Calwer Fernmeldezugs luftlandefähig sein. Damals wie heute lernten sie das Fallschirmspringen in Altenstadt. Auch die zur DSO gehörenden, in Dillingen und Regensburg stationierten Fernmelder sind Fallschirmspringer.

Die Fernmelder des KSK müssen auch in anderer Hinsicht mobil sein, und das bildet einen Unterschied zu Kameraden anderen Einheiten: Viele Übungen finden außerhalb Deutschlands statt.

Da die Fernmelder zusammen mit den Kommandos in den Einsatz gehen, stellt das Ministerium höhere Anforderungen an deren Sicherheitsüberprüfung. Auch Wehrdienstleistende durchlaufen die Sicherheitsüberprüfung »Ü 2«, bei der auch das familiäre Umfeld der Soldaten durchleuchtet wird und Kontakte zu Ländern unter die Lupe genommen werden, die der *Militärische Abschirmdienst (MAD)* als Sicherheitsrisiko einstuft. Und ob den in Calw stationierten Funker finanzielle Sorgen plagen, prüfen die Kölner Abschirmer auch.

Die größten Unterschiede treten jedoch bei der Ausstattung zutage. Das gesamte Gerät – darunter Muster, die es sonst bei der Bundeswehr nicht gibt – muss luftverladefähig sein. Truppenversuche mit brandneuer Ausrüstung gehören zum Alltag.

Der Wandel der Zeit spiegelt sich in der technischen Ausstattung in besonderem Maße. Während vor 20 Jahren Tastfunk und Morsealphabet bei der zitronengelben Waffengattung noch gang und gäbe waren, nutzen sie inzwischen hochmoderne Verbindungsmittel. Im Nahbereich verwendet das KSK zwei Systeme. Im Truppenfunk kommen Geräte des Typs SM 80-90 zum Einsatz, die im VHF-Bereich *(Very High Frequence,* zu deutsch sehr hoher Frequenzbereich) senden und mit Direktwelle arbeiten. Damit lassen sich, wenn keine großen Hindernisse im Weg stehen, bis zu 30 km überbrücken.

Als Alternative stehen Geräte mit 400 Watt Sendeleistung zur Verfügung. Im Nahbereich bis etwa 100 Kilometer arbeiten diese mit der Bodenwelle, darüber hinaus mit der Raumwelle. Da diese von der Ionosphäre – der obersten Schicht der Erdatmosphäre – reflektiert wird, kann man theoretisch mit dieser Technik weltweite Verbindungen herstellen.

Über sehr große Entfernungen – etwa von einem Land in Asien oder Afrika nach Calw – nimmt die 1-Kanal-Satellitenkommunikation den ersten Platz ein. Die Antenne ist nur etwa 60 x 30 Zentimeter groß und somit im Einsatz relativ unauffällig. Die Bundeswehr wickelt ihre Satellitenkommunikation über eine von der Firma Inmarsat betriebene Raumsonde ab, die zunächst für die Hochseeschifffahrt entwickelt worden war. Die Kosten pro Sendeminute liegen zwischen acht und zehn Euro. Gespräche und Datenaustausch via Satellit sind dabei keinesfalls unproblematisch. Mehr und mehr werden die Netze überlastet, und es wird zunehmend schwieriger, freie Kanäle zu bekommen. Zudem sehen die Verträge mit dem Privatanbieter vor, dass die Bundeswehr ihre Kanäle primär für humanitäre Einsätze nutzt. Theoretisch könnte Inmarsat eine militärische Nutzung unterbinden.

Andere Probleme sind in der Praxis ständig spürbar. Aufgrund des 1-Kanal-Betriebs müssen sich die Nutzer immer neu einwählen. Dieses Kommunikationshemmnis bestünde im Mehrkanalbetrieb nicht, dadurch wäre eine breitbandige Standleitung möglich, und die übertragbare Datenmenge wäre innerhalb der gleichen Zeit weitaus größer. Es liegt auf der Hand, dass die rasche Übertragbarkeit großer Datenmengen gerade für die Spezialisten aus Calw große Vorteile bietet. Man denke nur an die Übermittlung von Aufklärungsergebnissen von Fernspähern.

Der Auftrag der Fernmeldekompanie des KSK besteht aus:

- Unterstützung des Stabes des KSK in der Gefechtsstandsarbeit sowie in der Informationsübertragung und -übermittlung,
- Dem Herstellen, Betreiben und Unterhalten von eigenen Nachrichten-Verbindungen. Hierin zeigt sich auch ein Unterschied zu anderen Fernmeldeeinheiten: Die Calwer sind ausschließlich für das KSK zuständig.
- Der Sicherstellung der Voraussetzungen zur ständigen Unterrichtung des Einsatz-Führungskommandos der Bundeswehr und im Einsatz des Stabes des Kontingentführers.
- Der Sicherstellung des allgemeinen Gefechtsstandsbetriebs.
- Der Sicherstellung des Einsatzes von HEROS, eines rechnergestützten Systems zur Datenübertragung. Allerdings konnte dieses System seine Fähigkeiten nie voll entfalten. Für das KSK ist die umfangreiche Ausrüstung, die zum Transport einen Fünf-Tonner benötigt, problematisch – ein bei scharfen Einsätzen sehr auffälliges Objekt.
- Der Sicherstellung der Fernmelde-Verbindung nach einem Fallschirmsprungeinsatz.

Auch für die Fernmelder des KSK gilt, dass sie möglichst alle Aufgaben mit eigenen Kräften bestreiten sollen. Für den Aufbau des Gefechtsstands sind acht Soldaten erforderlich – vier Unteroffiziere und vier Mannschaften. Der Fliegertrupp, der Funkkontakt zu Luftfahrzeugen hält – etwa einem Jagdbomber –, besteht aus drei Soldaten, ebenso wie der HF-Trupp. Darüber hinaus gibt es noch eine mit VHF-Geräten ausgerüstete Führungsverbindungstruppe und einen HF-Trupp, der mit sehr leistungsstarken Sendern die Verbindung zu den Kommandokompanien herstellt.

Das KSK ist eine Erfolgsstory

Interview mit dem Inspekteur des Heeres, Generalleutnant Hans-Otto Budde

Dr. Scholzen In der Planungsphase des KSK – Mitte der 90er Jahre – wurde für die in Calw stationierte Einheit ein breites Spektrum an Fähigkeiten gefordert. Halten Sie nach wie vor daran fest oder wäre hier weniger mehr, also eine Konzentration auf weniger Aufgaben sinnvoll?

Generalleutnant Hans-Otto Budde: Wir haben mit der Aufstellung des KSK und seiner Aufgabenzuweisung ganz ohne Zweifel den richtigen Weg gewählt. Die Aufgaben und Anforderungen an Spezialkräfte entsprechen dem heutigen und absehbaren Aufgabenspektrum. Das KSK ist ein flexibles Instrument des Heeres und der Politik. Sein hoch spezialisiertes Fähigkeitsprofil ist besonders geeignet, zur Vorbeugung und Eindämmung von Krisen und Konflikten beizutragen. Und das vor allem dann, wenn der Einsatz umfangreicherer anderer Kräfte nicht oder noch nicht angemessen erscheint oder eine besondere Geheimhaltung erforderlich ist.

Die Teilnahme an Einsätzen im Kampf gegen den Terrorismus wie beispielsweise in Afghanistan im Rahmen der Operation Enduring Freedom (OEF) oder auf dem Balkan zum Schutz eigener Kräfte und auch die Festsetzung von Kriegsverbrechern sowie die Unterstützung der EU-Mission im Kongo zeigen ganz deutlich: Das KSK muss für das gesamte Aufgabenspektrum der Bundeswehr – national wie im internationalen Umfeld – ausgebildet und für Einsätze ohne lange Vorlaufzeit einsetzbar sein. Und das können sie, ohne Wenn und Aber. Wenn Sie mich fragen: Das KSK bewährt sich hervorragend und ist eine Erfolgsstory.

■ **Generalleutnant Hans-Otto Budde** *Foto: BMVg*

Im übrigen entsprechen die genannten Fähigkeiten auch denen der Spezialkräfte befreundeter Nationen. Das KSK führt Operationen zum Gewinnen von besonders wichtigen Informationen und zum Schutz eigener Kräfte auf Distanz durch. Zudem sind die Soldaten des KSK zur Rettung von Personen aus terroristischer Bedrohung, zur Abwehr terroristischer Bedrohung, zum Kampf in der Tiefe sowie für verdeckte Operationen befähigt. Vor allem die Aufgabe Retten und Befreien deutscher Staatsbürger oder anderer Personen aus Gefangenschaft, Geiselnahme oder terroristischer Bedrohung, wenn erforderlich auch unter Anwendung militärischer Gewalt, hat für uns höchste Priorität. Natürlich ist das ein ganz schönes Paket an Aufgaben.

Aber wir sprechen hier ja nicht von irgendeinem Verein, sondern von echten Profis, keinen Rambos, sondern Vollprofis. Unsere Soldaten im KSK beherrschen ihren Job. Ich weiß, dass ich mich auf sie verlassen kann.

Eines ist aber auch ganz klar: Wir dürfen uns natürlich nicht auf dieser Erfolgsstory ausruhen. Ganz im Gegenteil. Wir müssen mit dem KSK auch auf neue asymmetrische Bedrohungen reagieren können. Wir können und dürfen es uns nicht leisten, stehen zu bleiben. Stillstand ist Rückschritt. Und den können wir uns gerade beim KSK nicht erlauben. Denn es ist ja der Gegner, der zunächst die Initiative hat und sich aussuchen kann, wo, wann und mit welchen Mitteln er zuschlägt. Das Gebot der Stunde lautet deshalb: konsequente Orientierung an den Einsätzen und der Bedrohungslage, konsequente Anpassung an Veränderungen, nicht zu vergessen intensiver Erfahrungsaustausch mit unserer Partnern. Interoperabilität und Vertrauen ist in der Special-Ops-Community von hoher Bedeutung.

Dr. Scholzen: Das Kommando Spezialkräfte ist der Division Spezielle Operationen unterstellt. Vor einigen Jahren wurde für deren Verhältnis zueinander das Bild von »Mantel und Kern« geprägt. Wo liegen die Überschneidungsbereiche, bei welchen Aufgaben agiert der »Mantel«, welche Lagen sind dem »Kern« zugeordnet?

Generalleutnant Hans-Otto Budde: Wegen der Besonderheit des Auftrags, der speziellen Art und Weise der Aufgabenerfüllung und der hohen Bedeutung ihrer Operationen kann es für Spezialkräfte im Vergleich zu herkömmlichen Kräften kaum allgemein gültige Standards und einheitliche Verfahren geben. Spezialkräfte brauchen eine besondere – oftmals individuelle – Ausbildung, über die andere Truppen in der Regel nicht verfügen, dazu eine auf das vielschichtige Aufgabenspektrum hin spezialisierte Ausrüstung und eine ebenso darauf abgestimmte Unterstützung. Und genau das leistet die Division Spezielle Operationen (DSO) mit ihren spezialisierten Kräften. Das sind ausgewählte, besonders zusammengesetzte, ausgebildete und ausgerüstete Einheiten, die gerade den Einsatz des KSK unterstützen können.

Mit zwei Luftlandebrigaden ist die DSO der Nukleus der spezialisierten Kräfte des Heeres – befähigt insbesondere zu Operationen gegen irreguläre Kräfte, schnellen Anfangsoperationen sowie Operationen in der Tiefe. Ihr Schwerpunkt ist die schnelle Verfügbarkeit für militärische Evakuierungsoperationen. Das beinhaltet auch die bewaffnete Rückführung von militärischem oder zivilem Personal staatlicher oder internationaler Organisationen. Und genau für solche Operationen braucht es Spezial- und Spezialisierte Kräfte. Die Synergie liegt im professionellen Zusammenwirken beider.

DSO und das KSK ergänzen sich also in ihren Aufgaben gegenseitig. Die Spezialkräfte verstärken die DSO bei der Durchführung spezieller Operationen gerade in entscheidenden und kritischen Situationen durch ihre besonderen Schlüsselfähigkeiten. Die spezialisierten Kräfte wiederum unterstützen die Operationen der Spezialkräfte und bilden den erforderlichen Rahmen.

Dr. Scholzen: Die Bedrohung durch den internationalen Terrorismus hat in den letzten Jahren deutlich zugenommen. Welchen Beitrag können DSO und KSK im »Kampf gegen den Terrorismus« leisten?

Generalleutnant Hans-Otto Budde: Der weltweite Kampf gegen den internationalen Terrorismus betrifft nicht allein den Einsatz der Streitkräfte. Dazu braucht es in jedem Fall einen vernetzten Ansatz. Dabei haben Streitkräfte die Aufgabe, Krisenregionen zu stabilisieren, indem sie ein sicheres Umfeld schaffen und halten. Erst damit haben Wiederaufbau und »Nation Building« eine echte Chance. Und zugleich kann damit Terroristen die Nutzung des Landes als Operationsbasis, Ausbildungs- und Rückzugsgebiet entzogen werden. Spezialkräfte können dazu durch frühzeitige Aufklärung von Bedrohungspotenzialen beitragen, und das unentdeckt über einen langen Zeitraum. Als offensive Maßnahmen können sie terroristische Bedrohungen auch gezielt bekämpfen. Dies geschieht durch die Wegnahme, Lähmung oder Zerstörung von Waffen, Infrastruktur und Anlagen. Dazu bedarf es der besonderen Fähigkeiten von Spezialkräften, zu denen die Zielmarkierung und Lenkung weitreichenden Feuers und von Kampfflugzeugen gehört. Genau das verlangt zum Beispiel den unmittelbaren Blick auf diese Ziele, um Kollateralschäden zu vermeiden. Ein Aspekt, der vor allem mit Blick auf das Vertrauen und die Unterstützung der Bevölkerung von enormer Bedeutung ist.

Denn ohne das Vertrauen und die Unterstützung der Menschen vor Ort, ohne die Wahrnehmung von internationalen Truppen als Helfer und Kämpfer für die Bevölkerung ist alle Anstrengung vergebens. Nicht zu vergessen, dass mit einem Stimmungsumschwung auch das Risiko und die Bedrohung der übrigen Soldaten im Einsatzgebiet steigt.

Ein weiterer Beitrag, den Spezialkräfte und übrige Kräfte der DSO leisten können, ist die Zusammenarbeit mit den örtlichen Sicherheitskräften, beispielsweise durch Ausbildungsunterstützung bei deren eigenen Aufgaben im Kampf gegen den Terrorismus.

Dr. Scholzen: Seit Sie Inspekteur des Heeres sind, fordern Sie, dass Soldaten auch kämpfen können müssen. Meinen Sie damit besonders die Soldaten des KSK?

Generalleutnant Hans-Otto Budde: Nein, hier geht es um alle Soldaten im Heer. Denn der Einsatz von Streitkräften ist nie Selbstzweck, er ist immer Mittel zum Zweck. Streitkräfte werden zum Einsatz gebracht, egal ob in Operationen hoher Intensität oder Stabilisierungsoperationen, um Wirkung zu erzielen. Das schließt ganz klar mit ein, das Mandat bzw. den Auftrag durchzusetzen, wenn erforderlich auch gegen Widerstände und mit Waffengewalt. Allein der Name Streitkräfte trägt dies in sich. Nehmen Sie Afghanistan: Auf strategischer Ebene handelt es sich um eine Stabilisierungsoperation: Dennoch muss gekämpft werden, um Sicherheit herzustellen oder zu halten. Und wenn unsere Patrouillen im Norden durch Panzerabwehrraketen angegriffen werden, den Gegner abwehren und ihm nachsetzen, dann ist das für die betroffenen Soldaten Kampf. Und darauf müssen wir vorbereitet sein, und zwar alle Soldaten. Das ist mein Credo und Anspruch.

Als Inspekteur des Heeres ist es meine Verantwortung, die Bedrohung unserer Soldaten in den Einsatzgebieten vom »worst case« her zu betrachten. Und das ist nun mal der Kampf, auch in Stabilisierungsoperationen. Ob in »three-block-operations« oder auf Patrouille: Die Maxime, kämpfen können, um nicht kämpfen zu müssen, ist nicht mehr einfach so auf unser umfassendes Einsatzspektrum übertragbar.

Neben der Fähigkeit zu kämpfen müssen alle Soldaten des Heeres in der Lage sein, anvertrautes Personal sowie deren Hab und Gut zu schützen, zwischen Konfliktparteien zu vermitteln oder Menschen in Notlagen zu helfen. Und deshalb darf es, gerade auch was die Fähigkeit und die Bereitschaft zum Kampf angeht, keinen Unterschied zwischen KSK, Eingreifkräften und Stabilisierungskräften geben. Der Unterschied liegt allein im Aufgabenspektrum, im Grad der Spezialisierung und den dazu notwendigen besonderen Fähigkeiten, nicht im Grundsätzlichen.

Dr. Scholzen: Die Soldaten des KSK zeichnen sich durch eine sehr hohe Leistungsfähigkeit aus. Dies gilt für ihre physischen und psychischen Fähigkeiten gleichermaßen. KSK-Soldaten müssen aus besonderem Holz geschnitzt sein. Bereitet die Nachwuchssuche für das KSK angesichts der hohen Anforderungen Probleme?

Generalleutnant Hans-Otto Budde: Ja, die KSK-Soldaten sind schon von besonderem Holz. Das müssen Sie auch sein. Deshalb liegt auf der Hand, dass es eben nicht so leicht ist, geeigneten, leistungsbereiten und motivierten Nachwuchs für das KSK zu gewinnen. Und das wird auch in Zukunft nicht leichter. Denken Sie an den demographischen Wandel.

Kommandosoldaten unterliegen sehr hohen physischen und psychischen Anforderungen, die eben nur eine begrenzte Anzahl der Bewerber erfüllen. Sicherlich spielt auch immer die reine Anzahl von Bewerbern eine Rolle, das ist aber nicht das entscheidende. Der Hauptgrund ist vielmehr das hohe Anforderungsprofil für den Dienst in den Spezialkräften. Die Frage lautet also: Standards runter oder Bewerberzahlen rauf. Die Standards abzusenken, ist für mich keine Alternative. Wir müssen die hohe Qualität halten und auch weiterhin fordern. Dazu gehört der klare und unverstellte Blick auf den politischen Auftrag und die damit verbundenen hohen Anforderungen im KSK. Vor allem aber ist es unsere Verantwortung gegenüber den Soldaten im KSK.

Gerade deshalb ist es wichtig, den Dienst im KSK attraktiv zu gestalten. Denn nur so gewinnen wir mehr hoch qualifizierten Nachwuchs für die herausfordernde Aufgabe bei den Spezialkräften. Dazu unternehmen wir derzeit enorme Anstrengungen, um laufbahnrechtliche und finanzielle Verbesserungen zu implementieren. Damit tragen wir dem besonderen Dienst in den Spezialkräften Rechnung.

Dr. Scholzen: Die mit dem KSK vergleichbaren Einheiten anderer Nationen sind nahezu überall auf der Welt – insbesondere, wenn man den Blick auf die kämpfenden Einheiten dieser Spezialverbände richtet – reine Männersache. Steht auch Frauen der Weg in das KSK offen und müssen weibliche Bewerber die gleichen oder geringere Anforderungen als ihre männlichen Kameraden erfüllen?

Generalleutnant Hans-Otto Budde: Der Dienst im KSK steht natürlich auch Frauen offen. Ich finde das absolut richtig und gut. Es ist ja bekannt, dass Frauen hervorragende Arbeit im Unterstützungsbereich des KSK und auch in den Kommandokompanien leisten. Bisher hat sich allerdings noch keine Frau dem Eignungsfeststellungsverfahren zum Kommandosoldaten der Spezialkräfte gestellt. Was die Anforderungen betrifft, so können und werden wir auch in Zukunft keine Abstriche machen. Das gebieten das Einsatzprofil, aber auch die Verantwortung gegenüber den einzelnen Soldaten. Denn sie müssen bestmöglich für ihren Auftrag qualifiziert sein, ganz egal ob Frau oder Mann. Da darf es keinen Unterschied geben.

Dr. Scholzen: Angesichts der Bedrohung durch den Terrorismus wurde in Deutschland in letzter Zeit immer wieder gefordert, die Bundeswehr über den jetzt bestehenden Rahmen des Grundgesetzes hinaus auch im Innern einzusetzen. Es wurde auch diskutiert, die für den Kampf gegen den Terrorismus im Jahr 1972 aufgestellte GSG 9 der Bundespolizei und das Kommando Spezialkräfte der Bundeswehr zu einer Einheit zu verschmelzen. Was halten Sie davon?

Generalleutnant Hans-Otto Budde: Für die Wahrnehmung der Aufgaben im Inneren oder außerhalb Deutschlands gibt es eine klare verfassungsrechtliche Trennung. Polizeikräfte nehmen Aufgaben im Inland wahr und nur in Ausnahmefällen auch im Ausland. Der Einsatz der Bundeswehr im Inneren ist derzeit auf die Unterstützung bei Naturkatastrophen und in besonders schweren Unglücksfällen beschränkt. Die Verteidigung Deutschlands gegen eine äußere Bedrohung ist und bleibt die politische und verfassungsrechtliche Grundlage der Bundeswehr.

Selbst wenn die Grenzen zwischen inneren und äußeren Bedrohungen mit Blick auf die Herausforderungen an unsere Sicherheit im 21. Jahrhundert heute nicht mehr so trennscharf sind wie zu Zeiten des Kalten Krieges, ist für mich eines unverrückbar: Die Entscheidung, ob und in welchen Fällen Fähigkeiten der Streitkräfte im Inneren zum Einsatz kommen, ist allein und zu allererst eine politische Entscheidung. Und das ist gut und richtig so! Und das gilt auch für das KSK. Erst wenn eine solche Entscheidung gefallen ist – in welchem Umfang auch immer – könnten die dazu notwendigen gesetzlichen Grundlagen geschaffen werden. Und erst danach wäre zu prüfen, welche konzeptionellen, organisatorischen und strukturellen Maßnahmen daraus abzuleiten sind.

Sicherlich haben GSG 9 und KSK in Einzelbereichen ähnliche operative Fähigkeiten. Doch diese Fähigkeiten unterscheiden sich deutlich in ihren Ausprägungen und in der Optimierung auf das Einsatzumfeld in Krisenregionen und Kampfgebieten sowie in extremen Klimazonen. Zudem ist das KSK zur Zusammenarbeit mit den Spezialkräften verbündeter Nationen im multinationalen Einsatz befähigt. Wir sprechen hier von Interoperabilität durch gleiche Verfahren und manchmal sogar gleiche Ausrüstung. Dem müssen wir auch in den Strukturen Rechnung tragen.

Kurzum: Ein mögliches Zusammenfassen von Spezialkräften des KSK und der GSG 9 ist für mich kein Weg.

Dr. Scholzen: Herr General, haben Sie Dank für dieses Gespräch.

Das Interview wurde im Juni 2007 geführt.

Die Kommandeure des KSK

Brigadegeneral Fred Schulz

■ Der erste Kommandeur des KSK, Brigadegeneral Fred Schulz. Als diese Aufnahme entstand, kommandierte er als Oberst die Luftlandebrigade 25 in Calw.
Foto: KSK

Geboren am 1. Juli 1938 in Königsberg/Ostpreußen.

02.05.1957	Eintritt als Freiwilliger in das LehrBtl HOS II, Husum, ab 1958 Hamburg, mit Verwendungen als GrpFhr, KpTrpFhr
März 1962	Beförderung zum Leutnant und Übernahme als Berufssoldat
Aug. 1962–März 1973	PzGrenBtl 71, Seedorf, später Altenwalde/ Cuxhaven
01.04.1973–30.09.1975	S3 StOffz und StvBtlKdr beim PzGrenBtl 182, Bad Segeberg
01.10.1975–31.03.1978	Inspektionschef II. Inspektion der KpfTrS 2, Munster
01.04.1978–31.03.1980	BtlKdr PzGrenBtl 281, Dornstadt bei Ulm
01.04.1980–31.03.1983	BtlKdr PzGrenLehrBtl 92, Munster
01.04.1983–31.07.1987	Leiter Heeresverbindungsstab 9 und Heeresverbindungsoffizier zu US-Army-Infantry-Center and School, Ft. Benning, Georgia, USA
01.08.1987–31.12.1990	StvBrigKdr und Kdr BrigEinh PzBrig 28, Dornstadt bei Ulm
01.01.1990–31.12.1992	Ltr Abt VIII 1 im Heeresamt, Köln
01.01.1993–30.09.1996	Kdr Luftlandebrigade 25, Calw (DA: 16.12.92, KdoÜbernahme: 22.12.1992)
01.04.1995	Beförderung zum Brigadegeneral
01.10.1996–30.09.1998	Kommandeur Kommando Spezialkräfte, Calw
Seit 01.10.1998	im Ruhestand

Brigadegeneral Hans-Heinrich Dieter

■ **Brigadegeneral Hans-Heinrich Dieter während eines Pressetermins in Calw. Im Hintergrund Kommandosoldaten mit den unvermeidlichen Gesichtsmasken.** *Foto: BMVg*

Geboren am 6. Mai 1947 in Darmstadt. Nach dem Abitur trat er 1966 beim FschJgBtl 313 in Wildeshausen in die Bundeswehr ein.

1968–1972	Zugführer bei FschJgBtl 313/272 und S2/S1-Offizier bei FschJgBtl 313/272 Wildeshausen
1971–1973	Jugendoffizier der 1. Luftlandedivision, Bruchsal
1973–1975	Kompaniechef der 2./FschJgBtl 272, Wildeshausen
1975–1977	Hörsaalleiter Laufbahnlehrgänge an der Luftlande-/ Lufttransportschule, Altenstadt
1977–1979	20. Generalstabslehrgang Heer, Führungsakademie der Bundeswehr, Hamburg
1979–1981	G3- und G4-Stabsoffizier der Luftlandebrigade 26, Saarlouis
1981–1982	Lehrgangsteilnehmer am Staff College, Camberley, England
1982–1985	G3-Stabsoffizier ÜbPlanung in NORTHAG, Mönchengladbach
1985–1987	G3-Stabsoffizier der 1. Luftlandedivision, Bruchsal
1987–1989	Kommandeur FschJgBtl 263, Saarlouis
1989–1990	Referent im Führungsstab des Heeres VI 3, Bundesministerium der Verteidigung, Bonn
1990–1991	Chef des Stabes der 1. Panzerdivision, Hannover
1991–1992	Fachgruppenleiter Führungslehre Heer, Führungsakademie der Bundeswehr, Hamburg
1992–1994	Referatsleiter im Führungsstab des Heeres VI 3, Bundesministerium der Verteidigung, Bonn
1994–1996	Kommandeur Luftlandebrigade 26, Saarlouis. Zwischenzeitlich vom
24.07.–07.12.1995	Kommandeur 1. Deutsches Kontingent UNPF, Ex-Jugoslawien
1996	Stabsabteilungsleiter im Führungsstab des Heeres VI, Bundesministerium der Verteidigung, Bonn
1997–1998	Direktor Lehre der Führungsakademie der Bundeswehr, Hamburg
Oktober 1998– November 2000	Kommandeur Kommando Spezialkräfte, Calw
Dezember 2000	Stellvertreter des Inspekteurs und Chef des Stabes des Führungsstabes der Streitkräftebasis, Bundesministerium der Verteidigung, Bonn

Brigadegeneral Reinhard Günzel

■ Brigadegeneral Reinhard Günzel.

Geboren am 5. Juni 1944 in Den Haag/Niederlande. Nach dem Abitur an einem Humanistischen Gymnasium in Gütersloh trat er 1963 beim FschJgBtl 261 in Lebach/Saar in die Bundeswehr ein.

1973–1982	Verwendungen als Zugführer, Fernmelde- und Technischer Offizier. Anschließend Kompaniechef in Wildeshausen, Calw und Bruchsal. Studium der Geschichtswissenschaft und Philosophie an der Universität in Tübingen.
1982–1984	Stellvertretender Bataillonskommandeur beim FschJgBtl 273 in Iserlohn
1984–1986	Lehrstabsoffizier für Taktik und Hörsaalleiter an der Offizierschule in Hannover
1986–1989	Kommandeur des FschJgBtl 262 in Merzig
1989–1992	Abteilungsleiter GAMF(L) im Stab der 1. Luftlandedivision in Bruchsal
1992–1993	Kommandeur des Jägerregiments 54 in Trier
1993–1995	Stellvertretender Brigadekommandeur und Kommandeur Brigadeeinheiten der Luftlandebrigade 26 in Saarlouis
1995–1998	Brigadekommandeur der Panzergrenadierbrigade 37 (ab 01.10.1996 umbenannt in Jägerbrigade 37) in Frankenberg
1998	Lehrgangsteilnehmer am NATO Defense College in Rom
1998–2000	Stellvertretender Divisionskommandeur und Kommandeur der Wehrbereichs- und Divisionstruppen des Wehrbereichskommando II / 1. Panzerdivision in Hannover
November 2000–November 2003	Kommandeur Kommando Spezialkräfte, Calw

Brigadegeneral Carl Hubertus von Butler

■ **Brigadegeneral Carl Hubertus von Butler**
Foto: BMVg

Geboren am 31.12.1950 in Coburg. Eintritt in die Bundeswehr 1971 als Reserveoffizier beim Jägerbataillon 101 in Ebern/Unterfranken, anschließend Ausbildung zum Offizier.

April 1974	Ernennung zum Berufssoldaten
1975–1980	Studium der Soziologie und Geschichtswissenschaft an der Ludwig-Maximilians-Universität in München. Abschluss als Diplom-Soziologe.
1981–1983	Kompaniechef im Panzergrenadierbataillon 303 in Ellwangen/Jagst
1983–1985	Generalstabsausbildung an der FüAkBw, Hamburg
1985–1987	G2 bei der 4. Panzergrenadierdivision, Regensburg
1987–1989	Referent im Führungsstab des Heeres III und VI 5, Bundesministerium der Verteidigung, Bonn
1989–1991	Bataillonskommandeur im Fallschirmjägerbataillon 251, Calw, davon sechs Monate Chef des Stabes 11. Motorisierte Schützendivision, Halle/Saale
1991–1994	Referent im Führungsstab des Heeres VI 2/VI 3, Bundesministerium der Verteidigung, Bonn
1994–1996	Abteilungsleiter G3 Kommando Luftbewegliche Kräfte / 4. Division, Regensburg
1996–1997	Chef des Stabes GECONIFOR (L), Kroatien
1998–1999	Studium am National War-College, Washington, USA
25.09.1999–11.09.2002	01/02–06/02 1. Kommandeur DEU Einsatzkontingent ISAF, Kabul, Afghanistan
12.09.2002–12.11.2003	Stababteilungsleiter Fü H III im Bundesministerium der Verteidigung, Bonn
November 2003–September 2005	Kommandeur Kommando Spezialkräfte, Calw

Brigadegeneral Rainer Hartbrod

Rainer Hartbrod trat im Jahr 1971 in die Bundeswehr ein. Er wurde zum Artillerieoffizier ausgebildet und für Verwendungen im Generalstabsdienst. Hierzu gehörte auch die Lehrgangsteilnahme an einer ausländischen Akademie.
Hartbrod diente in Stäben auf Bataillons-, Divisions- und Heeresgruppenebene wie auch auf Ämter- und Ministerialebene. Er war Einheitsführer und Bataillonskommandeur.
Von August 2005 bis Juni 2007 war Brigadegeneral Hartbrod Kommandeur Kommando Spezialkräfte, Calw.

Brigadegeneral Hans-Christoph Ammon

■ **Brigadegeneral Hans-Christoph Ammon**
Foto: BMVg

Geboren am 26. August 1950 in Celle. Eintritt in die Bundeswehr 1970 beim Panzerartilleriebataillon 75, Hamburg.

1974–1978	Batterieoffizier beim Feldartilleriebataillon 111 und S2-Offizier im Panzerartillerie-bataillon 165
1978–1981	Batteriechef der 4./ Panzerartilleriebataillon 95, Munster
1981–1983	Teilnehmer am 24. Generalstabslehrgang an der Führungsakademie der Bundeswehr in Hamburg
1983–1986	G-4 der Panzerbrigade 33, Celle
1986–1987	Teilnehmer am Defense Service Staff College, Wellington/Indien
1987–1989	G-3 der Panzerbrigade 2 Braunschweig
1989–1991	Kommandeur Panzerartilleriebataillon 25, Braunschweig
1991–1994	G-3 in der 6. Panzerdivision und Wehrbereichskommando I, Neumünster. Dabei 11/93-04/94 Chef des Stabes Deutsches Einsatzkontingent UNOSOM II in Somalia
1994–1996	G-3 Op im Heeresführungskommando, Koblenz
1997–2000	ACOS G-3 Ops im HQ ARRC, Mönchengladbach. Dabei 02/99-10/99 ACOS G-3 Ops HQ KFOR in 6 Skopje/Pristina
2000–2003	Referatsleiter im BMVg Fü S V 2 Einsatzplanung, Bonn
2003–2005	Kommandeur Panzergrenadierbrigade 30 »Alb-Brigade«, Ellwangen. Dabei 07/05 – 12/05 Kommandeur 8. Deutsches Einsatzkontingent ISAF und DCOM KMNB in Afghanistan
2006–2007	Commander Rear Support Command und Dienstältester Deutscher Offizier im HA ARRC, Mönchengladbach. Dabei 05/06 – 02/07 Director Combined Joint Operation Centre HQ ISAF in Afghanistan
Seit 29.06.2007	Kommandeur Kommando Spezialkräfte, Calw

»Wir sind die Guten«

Der Leser erwartet an dieser Stelle einen Blick in die Zukunft. Dies ist ein schwieriges Unterfangen, weil sehr viele Faktoren die weitere Entwicklung des KSK bestimmen, die nur zum Teil in die Zuständigkeit der Calwer Truppe oder der Bundeswehr fallen.

Hochrangige KSK-Soldaten sorgten im Bundesministerium der Verteidigung für Verblüffung, als sie unmittelbar vor einem bedeutenden Einsatz nicht nur detailliert darlegten, was sie alles können, sondern mit der gleichen Sorgfalt dokumentierten, was sie alles nicht beherrschen. In vielen Bereichen unserer deutschen Gesellschaft gilt ein vergleichbares Zugeständnis als Karrierebremse, mitunter wenig scherzhaft mit dem Kürzel »EdeKa« (Ende der Karriere) versehen. Nicht so im KSK. Dort stehen produktive Querköpfe hoch im Kurs, die systematisch den bisherigen breiten Pfad gesicherter Erkenntnis verlassen. Auch wenn damit das Risiko verbunden ist, Fehler zu machen. Zu den Besonderheiten des Calwer Verbandes gehörte es daher in der Aufbauphase, dass jene Kommandosoldaten, die viel Berufserfahrung mitbrachten, wieder die Rolle von Schülern einnahmen, die von denen lernten, die über noch mehr Erfahrung verfügten. Dies galt insbesondere im Jahr 1996, als sie verschiedene Lehrgänge bei der GSG 9 und dem britischen SAS besuchten.

Von Beginn an scheute sich die Führung in Calw und in Bonn nicht, die mit dem Aufbau des KSK verbundenen Ziele klar zu benennen: Man wollte einen Verband aufbauen, der in der Lage sein sollte, unterschiedliche militärische Aufgaben mit einem besonders hohen Schwierigkeitsgrad zu lösen. Sehr bald etablierte sich der Begriff »Elite-Truppe KSK«. Erste erfolgreiche Einsätze der Kommandosoldaten stellten zwei Jahre nach Beginn der Aufbauarbeit deren Leistungsfähigkeit eindrucksvoll unter Beweis.

Ob das KSK in der Liga der besten militärischen Sonderverbände der Welt mitspielen kann, darüber werden viele Faktoren entscheiden. Von großer Bedeutung werden zukünftige Einsätze sein. Mit dem Einsatz von Sondereinsatzkräften geht immer ein hohes Risiko einher; denn man ruft sie dann, wenn es gilt, Aufgaben zu lösen, für die andere weder personell noch materiell gerüstet sind. Dennoch – oder gerade deshalb: Kein wirklich großer Verband blieb von bitteren Niederlagen verschont. Manche scheiterten in der Wüste, andere auf schroffen Felsklippen oder im Dschungel oder auf einem Bahnhof.

Probleme lauern auch an anderen Stellen. Die knappen Haushaltsmittel schweben wie ein Damoklesschwert über der gesamten Bundeswehr. Noch wird das KSK bevorzugt behandelt – im Rahmen der angeblich bescheidenen finanziellen Möglichkeiten, über die Deutschland verfügt. Es ist jedoch fraglich, wie lange diese Bevorzugung noch anhalten wird. Und Kritiker verweisen sorgenvoll auf die Zukunft; denn der finanzielle Bedarf wird steigen. Nur wenn das KSK kontinuierlich auf der Höhe des technischen Fortschritts bleibt, kann es seinen hohen Einsatzwert beibehalten. Die Anschaffung eines für die besonderen Aufgaben geeigneten Hubschraubers wird viele Millionen kosten. Enorme Summen wird in der Zukunft auch die Kommunikation verschlingen. In diesem Bereich muss der Verband aus Calw unabhängiger werden. Und in nicht allzu ferner Zukunft gehören die heutigen modernen Waffen zum alten Eisen. Mit schnellen Schritten rücken neue Waffensysteme ins Blickfeld, die die Kriegsführung revolutionieren, zunächst aber sündhaft teuer sein werden.

Geld ist für eine Spezialeinheit nicht alles. Noch wichtiger ist es, die besten Männer zu gewinnen. Wer zum KSK kommt, ist auch ein Idealist, der die besondere Herausforderung sucht.

■ **Es ist ein weiter Weg zum KSK nach Calw. Das Eignungsfeststellungsverfahren ist der erste Schritt, dem viele weitere folgen.**
Foto: Bundeswehr MZBw

Aber die Kommandosoldaten sind zum Glück keine Phantasten: Sie geben freiwillig sehr viel mehr als andere, aber das muss sich irgendwann für sie auszahlen. Wer das Kommando Spezialkräfte mit dem Etikett »Elite« versieht, der muss die Männer auch entsprechend behandeln: Dazu gehört weit mehr als eine Zulage, die seit dem Jahr 2008 bei 963 € im Monat liegt. Die erforderlichen Weichenstellungen müssen rasch getroffen werden; denn die Nachfrage nach weit überdurchschnittlichen Männern steigt ständig bei staatlichen und privaten Institutionen: Die GSG 9, die Spezialeinsatzkommandos der Länderpolizeien, aber auch private Sicherheitsdienste suchen die besten Nachwuchskräfte. Derjenige, der das Beste bieten kann, wird letztlich die Besten bekommen.

Der weitere Weg des Kommandos wird nur dann erfolgreich sein können, wenn eine große Mehrheit der Bevölkerung davon überzeugt ist, dass es für Deutschland wichtig ist, einen Eliteverband für besondere Einsätze zur Verfügung zu haben. Dazu müssen die Bürger sicher sein, dass das KSK stets auf der richtigen Seite steht und die Aussage eines KSK-Majors ohne wenn und aber stimmt: »Wir sind die Guten!«

Schlusswort: Ein langer Weg

Unmittelbar nachdem ich Ende 2000 die Arbeit an meinem Buch über den »Personenschutz« abgeschlossen hatte, begann ich mit der Informationssammlung für eine neue Veröffentlichung. Dabei fiel mir eine Aktennotiz vom 26. März 1997 in die Hände. Damals hatte ich mit einem Oberstleutnant im Bundesministerium der Verteidigung über das neue Scharfschützengewehr G 22 gesprochen. Er sagte mir, diese Waffe werde bei der Bundeswehr eingeführt, nachdem die Erprobungen allesamt positiv verlaufen seien. Und in einem Nebensatz erwähnte er, aufgrund seiner Leistungsmerkmale sei dieses Gewehr besonders für die Scharfschützen des KSK geeignet.

Im Sommer 1997 erhielt ich aus dem BMVg eine Einladung zu einem Pressetermin in Mendig und Baumholder. Dort demonstrierte das KSK im Rahmen der Übung »Schneller Adler« vor Dutzenden Journalisten seine Leistungsfähigkeit – besonders im Bereich »Retten und Befreien«. Leider konnte ich den Termin nicht wahrnehmen. Ich hätte bereits damals gern mehr erfahren über diesen Verband der Bundeswehr.

Als ich im Dezember 2000 die ersten Informationen über das KSK sammelte, stellte ich sehr bald fest, dass die öffentlich zugänglichen Informationen sehr dürftig waren.

Aus meinen vorangegangenen Büchern über die GSG 9, die SEKs und den Personenschutz* wusste ich, dass eine Grundvoraussetzung für das Schreiben eines Sachbuches über Sondereinsatzkräfte die Recherche vor Ort ist, wozu auch intensive Gespräche mit den dort tätigen Männern gehören. Nur dann ist es möglich, ein wirklichkeitsnahes Bild von der Arbeit dieser Spezialisten zu zeichnen. Alle diese Einheiten legen aber zu Recht großen Wert auf die Geheimhaltung. Das tiefere Eintauchen in diese geheime Welt ist daher nur möglich, wenn man dazu von ganz oben »grünes Licht« bekommt.

Daher schrieb ich im Januar 2001 an den damaligen Verteidigungsminister Rudolf Scharping. Ich schickte ihm meine damals erschienenen Bücher über die GSG 9 und die SEKs mit und bewarb mich quasi darum, das Buch über das KSK schreiben zu dürfen. Auf der Hardthöhe prüfte man meine Bewerbung und gab mir dann eine gute Nachricht: Einige Hürden seien zwar noch aus dem Weg zu räumen, aber grundsätzlich stehe mir der Weg nach Calw offen.

Ich begann mit den Vorarbeiten. Kurz nach 14 Uhr erhielt ich am 11. September 2001 einen Anruf aus dem Verteidigungsministerium. Ein Oberstleutnant der Fallschirmjäger, der sich sehr für mein Buchprojekt eingesetzt hatte, teilte mir mit, nun seien alle Hindernisse aus dem Weg geräumt, und ich könne in Kürze mit der Arbeit beginnen und für erste Gespräche zum KSK nach Calw reisen.

Meine Freude war riesengroß. Ich dachte mir, nach dieser guten Nachricht hätte ich mir eine

* A.d.L.: Es handelt sich um folgende Werke bzw. deren Nachauflagen:
Reinhard Scholzen: *GSG 9.* 4. überarbeitete Auflage. Motorbuch Verlag, Stuttgart 2007.
Reinhard Scholzen: *SEK. Spezialeinsatzkommandos der deutschen Polizei.* 4. Auflage. Motorbuch Verlag, Stuttgart 2006.
Ders.: *Personenschutz. Geschichte, Ausbildung, Ausrüstung.* 2. Aufl. Motorbuch Verlag, Stuttgart 2004.

■ **Der Verfasser mit KSK-Männern vor einem Aufklärungs- und Gefechtsfahrzeug** *AGF*.

Pause verdient. Zur Entspannung schaltete ich den Fernseher ein. Da sah ich ein brennendes Hochhaus, und einige Minuten später raste eine Passagiermaschine in den zweiten Turm des *World Trade Centers* in New York. Sehr bald wusste ich, dass die Terroranschläge in den USA auch Auswirkungen auf die Arbeit am Buch über das KSK haben würden.

Das KSK wurde kurze Zeit später in den Einsatz »Enduring Freedom« nach Afghanistan abkommandiert. Die Männer aus Calw hatten jetzt anderes zu tun, als Fragen zu beantworten.

Mehrmals fragte ich in der Folgezeit im Ministerium nach, wann ich mit der Arbeit am Buch fortfahren könnte. Erst im Oktober 2002 durfte ich einen Referenten im Führungsstab des Heeres im BMVg besuchen, der ein Experte für alle Fragen über das KSK ist. Wir sprachen das weitere Vorgehen ab. Im Winter 2003 reiste ich zum ersten Mal nach Calw. In den folgenden Monaten erfuhr ich, dank der Mitarbeit der KSK-Soldaten, sehr viel über diesen Eliteverband der Bundeswehr. Ich erhielt die Gelegenheit, mit Soldaten aus allen hierarchischen Ebenen zu sprechen. Und ich durfte sie bei ihrer Arbeit mit der Kamera begleiten. Was ich nicht selbst fotografieren konnte, erhielt ich aus dem KSK-Archiv oder von der Pressestelle des BMVg. Nur durch diese enge, in jeder Hinsicht vorbildliche Zusammenarbeit konnte diese Dokumentation entstehen.

Für mich war es ein langer Weg nach Calw. Und in gewisser Hinsicht war der Weg auch ein Ziel: Ich kann jetzt sehr gut nachvollziehen, dass es für viele junge Männer ein Lebenstraum ist, dem KSK anzugehören. Und ich habe bei der Arbeit an diesem Buch erfahren, wie zutreffend der Leitspruch des KSK ist:

»Der Wille entscheidet«.

■ Für viele Einsätze des KSK ist der Hubschrauber Bo 105 bestens geeignet. *Foto: KSK.*

Am Puls der Zeit

Der Autor Reinhard Scholzen

Reinhard Scholzen wurde 1959 in Essen geboren. Nach Abitur und Wehrdienst studierte er Geschichte und Politikwissenschaft an der Universität Trier. Dem Abschluss als Magister Artium folgte die Tätigkeit als wissenschaftlicher Mitarbeiter in einem DFG-Sonderforschungsbereich. Die Dissertation über den Aufstieg und Fall des Reichsritters Franz von Sickingen schloss er 1992 mit Erlangung der Doktorwürde ab.

Zur Erforschung historischer Themen trat bald die Lösung aktueller Fragestellungen in Wirtschaft und Gesellschaft. Von 1993 bis 1994 absolvierte Reinhard Scholzen die Ausbildung zum Public-Relations-(PR)-Berater. Über ein dreimonatiges Praktikum beim Bundesgrenzschutz im Sachbereich »Lagezentrum, Öffentlichkeitsarbeit, Presse« des Grenzschutzpräsidiums West in Bonn-Duisdorf lernte er die GSG 9 kennen und gewann Einblicke in Dienst und Ausbildung des von Ulrich K. Wegener aufgebauten Anti-Terror-Verbandes. Mit Unterstützung der Truppe und des Bundesministeriums des Innern erstellte er unter anderem eine PR-Konzeption für die GSG 9, die 1977 durch die Geiselbefreiung in Mogadischu weltweit berühmt geworden war. Konkret erarbeitete Dr. Scholzen Lösungsansätze für die schwierige Frage, wie für diese Elite-Einheit, die zu den besten der Welt gehört, Öffentlichkeitsarbeit betrieben werden kann, ohne mit ihren strikten und absolut notwendigen Geheimhaltungspflichten in Konflikt zu geraten. Das Konzept griff und der BGS wollte fortan nicht mehr auf die Mitarbeit von Dr. Scholzen verzichten. Seit 1994 ist er für den Bundesgrenzschutz-Verband in der Öffentlichkeitsarbeit tätig.

Exklusive und hochsensible Sachthemen sind zu seinem Markenzeichen auch als Buchautor geworden, seit der bekennende Eifeler im Stuttgarter Motorbuch Verlag sein erstes Werk veröffentlichte: Die bisher in immer neuen Auflagen erschienene Dokumentation über die GSG 9. Im Jahr 2000 folgte das nicht weniger erfolgreiche Buch über die Spezialeinsatzkommandos der Länder, das, wie der GSG 9-Titel, praktisch mit dem Erscheinen zum Standardwerk wurde. 2001 beleuchtete Dr. Scholzen in »Personenschutz« Ausbildung und Tätigkeit der Sicherungsgruppe des Bundeskriminalamtes sowie, im Vergleich dazu, eines führenden privaten Sicherheitsdienstleisters.

Mit besonderer Spannung erwartete die Leserschaft 2004 den nächsten »Scholzen«. Darin widmete sich der mittlerweile längst nicht nur einem Fachpublikum bekannte und für seine Sachlichkeit geschätzte Autor wiederum einem Verband, der nur ganz wenigen Außenstehenden seine Tore öffnet: dem Kommando Spezialkräfte (KSK) der Bundeswehr. Auch dieses Buch gewann sofort eine Alleinstellung auf dem Markt.

2006 folgte mit »Der BGS« ein wichtiger Beitrag zur Geschichte der Bundesrepublik: Der Weg des Bundesgrenzschutzes von der Gründung 1951 bis zur Gegenwart als Bundespolizei.

Die Jagd nach ebenso exklusiven wie aktuellen Themen führte zum nächsten Projekt: 2007 erhielt Dr. Scholzen vom Bundesministerium der Verteidigung die Genehmigung, über die Division Spezielle Operationen (DSO) zu berichten. Die Recherche-Arbeiten über diesen Großverband der Bundeswehr, der für die Lösung schwierigster militärischer Aufgaben geschaffen wurde und dessen Kern das KSK bildet, begannen umgehend. Die fesselnde Dokumentation bereichert nun seit Frühjahr 2009 das Programm des Motorbuch Verlages.